私の中国語教室

My Chinese Classroom

中级（一）

总策划：许纬 向红
主　编：徐文静 施琳娜
副主编：汝国兴
编写人员：徐文静 施琳娜 尤云峰 凌璧君 李莹 郁秀芝
　　　　　刘佳平 张加慧 郭超 郁葱葱 王萍 宋晓琼
英文翻译：宋晓琼
日文翻译：张育荣
英文审订：Michael A. Johnson
日文审订：大桥往华
插　图：孙斯慧 邹源

人民教育出版社

图书在版编目（CIP）数据

我的汉语教室. 中级. 1/徐文静，施琳娜主编. —北京：人民教育出版社，2007
ISBN 978-7-107-20286-5

Ⅰ. 我… Ⅱ. ①徐…②施… Ⅲ. 汉语—对外汉语教学—教材 Ⅳ. H195.4

中国版本图书馆CIP数据核字（2007）第017853号

人民教育出版社 出版发行
（北京市海淀区中关村南大街17号院1号楼 邮编：100081）
网址：http://www.pep.com.cn
上海龙腾印务有限公司印装 上海人教海文图书音像有限公司经销
2007年2月第1版 2017年10月第9次印刷
开本：889毫米×1 194毫米 1/16 印张：15.25
字数：275千字 印数：18 001～20 000 册
ISBN 978-7-107-20286-5 定价：90.00 元
G·13336
如发现印、装质量问题，影响阅读，请与印刷厂联系调换。
（联系地址：上海市宝山区南蕴藻路487号1号楼-3 邮编：200443）

前 言

为了帮助已经具有汉语初级水平的外国人在短期内进一步提高用汉语进行沟通的能力,在《我的汉语教室》(初级)成功的基础上,我们继续编写了《我的汉语教室》(中级)系列。

《我的汉语教室》(中级)共分三册,收生词900多个、语法点140多条。生词的选取参考了由北京语言文化大学汉语水平考试中心编制的《HSK中国汉语水平考试大纲》(初、中等),选择以甲、乙级为主的词汇。语法点的选取参考了《汉语水平等级标准与语法等级大纲》,着重选取了其中初中等难度的语法点。学习者在系统地进行《我的汉语教室》(中级)三册的学习后,可以较全面地掌握汉语的中级语法,能够更准确地叙述事件、表达看法。

《我的汉语教室》(中级)每册正文共有十课。在体例上,除了初级书中已有的课文、生词、练习、听力和汉字五部分以外,中级书的每一课还增加了注释和成语两个部分。注释部分是为了帮助学习者更好地理解语法结构;而成语部分则向学习者介绍了一些在汉语口语中常用的成语,学习这些成语对于丰富语言的表达有很大帮助。此外,汉字部分的学习我们采用了通过照片来展示汉字的方式。很多照片都是拍摄于街道、超市等公共场所,选取的汉字都是我们日常生活中随处可见的常用汉字。相信这种方式对有兴趣学习汉字的学习者会有很大的帮助。

本系列书在内容的安排上也各有侧重。第一册书偏重于日常口语交际,比如向同事介绍自己的经历、去中国人家里做客、安排旅游计划、与上司进行工作情况的沟通等。第二册书偏重于对一些话题发表自己的看法,比如谈论交通、健身、住房、娱乐以及报纸上的新名词等。第三册书则更多的侧重于中国文化方面的话题,

比如孔子的思想、中国人的养生保健、民间传说、风俗习惯等。本系列书所涉及的话题贴近生活,涵盖了来中国学习和生活的外国友人所感兴趣的方方面面。所用语言流畅自然、活泼幽默。

我们希望《我的汉语教室》(中级)能给广大读者带来更好的汉语学习体验。

编者

目 录

1 /	第一课	Dì-yī Kè　Wǒ zài Niǔyuē zhù le qī-bā nián 我在纽约住了七八年
22 /	第二课	Dì-èr Kè　Zhōngqiūjié nǐ zěnme guò? 中秋节你怎么过？
44 /	第三课	Dì-sān Kè　Wǒ gāng bǎ tā fàng zài chōuti li le 我刚把它放在抽屉里了
67 /	第四课	Dì-sì Kè　Duìbuqǐ, wǒ chídào le 对不起，我迟到了
88 /	第五课	Dì-wǔ Kè　Wǒ cóng bù cānjiā lǚyóutuán 我从不参加旅游团
107 /	第六课	Dì-liù Kè　Yílùshang shùnlì ma? 一路上顺利吗？
128 /	第七课	Dì-qī Kè　Zhēn jísǐ wǒ le! 真急死我了！
148 /	第八课	Dì-bā Kè　Tā zhǎng de shénmeyàng? 她长得什么样？
168 /	第九课	Dì-jiǔ Kè　Dài tāmen qù nǎli wánr hǎo ne? 带他们去哪里玩儿好呢？
186 /	第十课	Dì-shí Kè　Zhè jiā shùmǎ guǎngchǎng zhēn dà a! 这家数码广场真大啊！

208 / 练习答案
214 / 听力答案
218 / 听力录音文本
230 / 生词索引

Preface

My Chinese Classroom (*Intermediate*), as continuation of *My Chinese Classroom* (*Elementary*), is a series of Chinese text books designed for foreign readers who have already completed the beginner course of Chinese to improve their communication skills in a short time.

My Chinese Classroom (*Intermediate*) consists of three volumes, which cover more than 900 new words and 140 rules of grammar. In the selection of new words we referred to the *HSK Test Syllabus* (*Elementary – Intermediate*), composed by the HSK Center, Beijing Language and Culture University, from which we chose words mainly from level Jia and level Yi. In the selection of grammar we referred to *HSK Guidelines for Grade Level Criterion and Grammar* (*Elementary – Intermediate*). After finishing these three volumes, readers should have a comprehensive grasp of intermediate Chinese grammar, thus they are able to narrate their experience and express their opinions more accurately.

Each volume consists of 10 units. Different from *My Chinese Classroom* (*Elementary*), there are two more parts, notes and Chinese idioms, in each unit of *My Chinese Classroom* (*Intermediate*), besides text, vocabulary, exercises, listening comprehension and Chinese characters. The section of notes can help readers to have a better understanding of grammar rules. The section of Chinese idioms introduces commonly used Chinese idioms to enrich readers' spoken vocabulary and expressions. Moreover, for the section of Chinese characters, pictures of public places such as streets and supermarkets show the Chinese characters we see everywhere in our daily life. We believe it will help those who are interested in Chinese characters a lot.

In this series, special emphasis is laid on the topics of different volumes. The topics in volume I are mainly focused on social communication, such as narrating one's experience to his colleagues, being a guest in a Chinese family, arranging travel plans, communicating with one's boss on work, etc. The topics in volume II are more for expressing one's own opinions, such as traffic, body-building, housing, entertainment, Chinese superstition on numbers, etc. In volume III, the topics on Chinese culture are introduced, such as Confucianism, Chinese way to stay healthy, folk legends, traditions and customs, etc. All the topics are closely related to one's everyday life, and are carefully selected to cater to the interest of most expatriates in China. The language in texts is easy and smooth, idiomatic, lively and humorous.

We sincerely hope readers enjoy learning Chinese with *My Chinese Classroom* (*Intermediate*).

Compiler

Contents

1 / **Unit 1** I have lived in New York for over seven years

22/ **Unit 2** How do you celebrate the Mid-Autumn Festival?

44/ **Unit 3** I put it in the drawer just now

67/ **Unit 4** Sorry, I'm late

88/ **Unit 5** I never join a tourist group

107/ **Unit 6** Did everything go well on the trip?

128/ **Unit 7** I am really worried!

148/ **Unit 8** How does she look?

168/ **Unit 9** Where shall I show them around?

186/ **Unit 10** How big this digital mall is!

208/ **Key to Exercise**
214/ **Key to Listening Comprehension**
218/ **Script of Listening Comprehension**
230/ **Vocabulary**

前書き

　すでに中国語の初級レベルに達している外国人の方々に短期間で中国語のコミュニケーション能力の更なるレベルアップを目指していただくため、『私の中国語教室（初級）』に続き、『私の中国語教室（中級）』シリーズを出版することとなりました。

　『私の中国語教室』（中級）は三冊からなっており、全部で約900の単語と140の文型を取り入れています。単語の選択は北京言語文化大学HSKセンターが編纂した『HSK中国漢語水平考試大綱』（甲、乙級）に準拠したものであり、文法は『汉语水平等级标准与语法等级大纲』（初、中級）に準拠したものであり、初中級難度の文法を取り上げています。三冊の中級コースを終えた学習者は、中級文法を全面的にマスターでき、正確に物事を叙述し、意見を発表できるようになります。

　構造上、初級とは違って、本文、単語、練習、ヒアリング及び漢字の五つの他に、中級は課毎に注釈、成語の二つの部分を追加しました。注釈は学習者に、文法構造の意味をよりよく理解してもらうためのものです。成語は学習者に中国語の話し言葉の中でよく使われる成語を紹介します。これらの成語を活用できるようになると、言語表現が豊富になります。その他、漢字の部分は写真を通し漢字を展示します。写真はすべて街中やスーパーなどの公共の場所で撮影したものであり、生活の中でよく見られる漢字であります。漢字に興味を持つ学習者に大いに役立つことと思います。

　内容上、第一冊は、同僚に自分の経歴を紹介する、中国人の家を訪問する、旅行を手配する、上司と仕事を通じてコミュニケーションするなどの日常会話に重きを置いています。第二冊は上海の交通、エクササイズ、住宅、娯楽及び中国人の数字に関する迷信等の話題を中心に自分の意見を発表できるよう工夫しています。第三冊は孔子思想、中国人の養生保健、民間伝説、習俗等中国文化の話題を重点に紹介します。本シリーズが選んだ話題は生活に密接し、中国で学習し、生活する外国の方々が興味を持っている話題です。本文は流暢自然で、生き生きとして、ユーモアに富んでいます。

　『私の漢語教室』（中級）が皆様によりよい中国語の学習体験を提供できることを祈念いたします。

編著者

目　次

- *1/* 　第一課　ニューヨークに七八年間住んでいました
- *22/* 　第二課　中秋節はどうやって過ごしますか
- *44/* 　第三課　さっき引き出しに入れました
- *67/* 　第四課　すみません、遅れてしまいました
- *88/* 　第五課　私はツアーには参加しません
- *107/* 　第六課　道中順調ですか
- *128/* 　第七課　焦った
- *148/* 　第八課　彼女はどんな人ですか
- *168/* 　第九課　どこに遊びにつれて行ったらいいんでしょうか
- *186/* 　第十課　このデジタル広場は本当に大きいですね

- *208/* 　**練習答案**
- *214/* 　**ヒアリング答案**
- *218/* 　**ヒアリングスクリプト**
- *230/* 　**単語索引**

人物介绍
Characters
登場人物

李强
Li Qiang

王慧
Wang Hui

方可可
Fang Keke

杰克
Jack

木村一郎
Kimura Ichiro

张樱
Zhang Ying

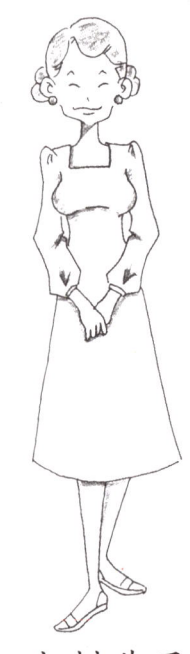
木村典子
Kimura Noriko

Unit 1 I have lived in New York for over seven years

Wǒ zài Niǔyuē zhùle qī-bā nián
我 在 纽约 住了 七 八 年
I have lived in New York for over seven years
ニューヨークに七八年間住んでいました

Dì-yī Kè
第 一 课
Unit 1
第 一 課

Kèwén
课文

Jiékè: Nǐ hǎo, zhèli yǒu rén ma?
杰克: 你好,这里 有 人 吗?

Lǐ Qiáng: À! Jiékè, zhèli méi rén, nǐ zuò ba.(duì tóngshì shuō)
李 强: 啊!杰克,这里 没 人,你 坐 吧。(对 同事 说)
　　　　Zhè shì Jiékè, Měiguórén, zài shìchǎngbù gōngzuò.(duì
　　　　这 是 杰克,美国人,在 市场部 工作。(对
　　　　Jiékè shuō) Zhè shì Xiǎo Wáng, hé wǒ tóng yí gè
　　　　杰克 说) 这 是 小 王,和我 同 一 个

bùmén.
部门。

杰克：小王你好！李强，其实我不是美国人。

李强：是吗？可我一直以为你是美国人。

杰克：我在美国住了十几年，所以大家都以为我是美国人，其实我是南非人。

李强：哦，是这样。杰克，现在你对上海的生活都习惯了吗？

杰克：差不多习惯了。上海和我以前住过的城市差不多，只是对中国的食物还不怎么习惯。

李强：你在哪些城市住过？

杰克：我在西雅图住了两年，在旧金山住了四年，在纽约住了七八年。

李强：你的经历真丰富啊！

杰克： 还可以吧。我 喜欢 去 不 同 的 地方，所以 非常 高兴 能 来 上海 工作。

李 强： 去 不 同 的 地方 生活，是 不 是 有时候 也 要 换 工作 呢？

杰克： 是 啊，从 大学 毕业 到 现在，我 换了 三 次 工作。不过 我 已经 在 现在 的 公司 工作了 四 年 了。对 我们 来 说，搬家 和 换 工作 是 很 普通 的 事，可是 如果 跳槽 太 快 太 多 就 不 怎么 好 了。

李 强： 我 也 这样 认为。我们 吃完 了，先 走 了。

杰克： 我 也 吃完 了。我 跟 你们 一起 走 吧。

第一课 我在纽约住了七八年

第一課　ニューヨークに七八年間住んでいました

Shēngcí 生词 | Vocabulary 単語

1. 市场部	shìchǎngbù	marketing department	市場部
2. 同	tóng	same	同じ
3. 部门	bùmén	department	部門
4. 其实	qíshí	in fact; actually; all along	実は
5. 一直	yìzhí	continuously; always	いつも、ずっと
6. 以为	yǐwéi	to think; to believe	〜と思う
7. 差不多	chàbuduō	almost; nearly	ほとんど
8. 只是	zhǐshì	merely; just; but	ただ
9. 食物	shíwù	food	食べ物
10. 不怎么	bù zěnme	not so; not that	あまり〜ない
11. 经历	jīnglì	experience; to experience	経験
12. 丰富	fēngfù	rich; abundant	豊富
13. 毕业	bìyè	to graduate	卒業
14. 对……来说	duì……lái shuō	from one's point of view	〜にとって
15. 搬	bān	to move	引っ越す
16. 普通	pǔtōng	common	普通
17. 跳槽	tiàocáo	to switch companies; to change jobs	転職する
18. 认为	rènwéi	to think; to believe	〜と思う
19. 跟	gēn	with	〜と

Zhuānyǒu Míngcí 专有名词 | Proper Nouns 固有名詞

1. 纽约	Niǔyuē	New York	ニューヨーク
2. 南非	Nánfēi	South Africa	南アフリカ
3. 西雅图	Xīyǎtú	Seattle	シアトル
4. 旧金山	Jiùjīnshān	San Francisco	サンフランシスコ

我的汉语教室 中级（一）

Unit 1 I have lived in New York for over seven years

Kèwén
课文

二

第一课 我在纽约住了七八年

Wǒ jiào Jiékè, shì Nánfēirén. Jīnnián yīyuè, Niǔyuē zǒnggōngsī
我 叫 杰克,是 南非人。今年 一月, 纽约 总公司
pài wǒ lái Shànghǎi de fēngōngsī gōngzuò, fùzé Shànghǎi shìchǎng
派 我 来 上海 的 分公司 工作, 负责 上海 市场
de yèwù. Gāng dào Shànghǎi de shíhou, wǒ duì zhèli de
的 业务。 刚 到 上海 的 时候, 我 对 这里 的
shēnghuó hěn bù xíguàn, zhǔyào shì yīnwei nà shíhou, wǒ yìdiǎnr
生活 很 不 习惯, 主要 是 因为 那 时候, 我 一点儿
Hànyǔ dōu bú huì shuō. Wǒ de tóngshì hěn hǎo, bāng wǒ zhǎole
汉语 都 不 会 说。我 的 同事 很 好, 帮 我 找了
yí wèi Hànyǔ lǎoshī. Dào xiànzài, wǒ yǐjīng xuéle chàbuduō sān gè
一 位 汉语 老师。到 现在, 我 已经 学了 差不多 三 个
yuè le. Wǒ de Hànyǔ lǎoshī duì wǒ fēicháng nàixīn. Yǒushíhou wǒ
月 了。我 的 汉语 老师 对 我 非常 耐心。有时候 我
gōngzuò tài máng le, méiyou shíjiān zuò zuòyè, kěshì tā cóng bù
工作 太 忙 了,没有 时间 做 作业,可是 她 从 不

5

第一课　ニューヨークに七八年間住んでいました

shēngqì. Tā hái hěn xǐhuan kāi wánxiào. Yǒu yí cì tā shuō yào
生气。她还很喜欢开玩笑。有一次她说要
gěi wǒ zhǎo ge "hēi tóufa de zìdiǎn", yě jiùshì Zhōngguó
给我找个"黑头发的字典"，也就是中国
nǚpéngyou, zhèyàng wǒ de Hànyǔ huì jìnbù de gèng kuài. Kěshì
女朋友，这样我的汉语会进步得更快。可是
wǒ gōngzuò zhème máng, méiyou shíjiān hé nǚháizi yuēhuì. Wǒ
我工作这么忙，没有时间和女孩子约会。我
xiànzài cái èrshíbā suì, duì wǒ lái shuō, shìyè shì zuì zhòngyào
现在才二十八岁，对我来说，事业是最重要
de, érqiě liǎng nián yǐhòu zǒnggōngsī kěnéng huì pài wǒ dào bié
的，而且两年以后总公司可能会派我到别
de guójiā de fēngōngsī gōngzuò. Suǒyǐ wǒ xiànzài yīnggāi xiān
的国家的分公司工作。所以我现在应该先
hǎohāor gōngzuò, hǎohāor xué Hànyǔ, nǚpéngyou yǐhòu zài shuō
好好儿工作，好好儿学汉语，女朋友以后再说
ba.
吧。

Shēngcí
生词

Vocabulary
単語

1. 总公司	zǒnggōngsī	head office	本社
2. 派	pài	to send; to dispatch	派遣する
3. 分公司	fēngōngsī	branch office	支社
4. 负责	fùzé	to take charge of	責任を持つ
5. 主要	zhǔyào	mainly; main	主に
6. 耐心	nàixīn	patience; patient	根気
7. 作业	zuòyè	homework	宿題
8. 从不	cóng bù	never	一度も〜ない
9. 生气	shēngqì	to be angry	怒る

Unit 1 I have lived in New York for over seven years

10. 字典	zìdiǎn	dictionary	辞書
11. 女朋友	nǔpéngyou	girlfriend	彼女
朋友	péngyou	friend	友達
12. 进步	jìnbù	to progress; to improve	進歩する；上達する
13. 约会	yuēhuì	to date; date	デート
14. 才	cái	just; only	〜しか
15. 事业	shìyè	career	職業

Zhùshì
注释

Notes
解释

Wǒ zài Niǔyuē zhùle qī-bā nián.
1 我 在 纽约 住了 七八 年。

汉语中一般用相邻的两个数字连在一起表示一个大概的数目,如:七八年、三四次、二三十块等。

这里"七八年"表示"住"持续的时间,是时量补语。时量补语一般用来说明一个动作或一种状态持续多长时间。只有表示时段的词才可以充当时量补语。

In Chinese, two adjacent numbers are combined to express an approximate number. For example: qī-bā nián (over seven years), sān-sì cì (over three times), èr-sānshí kuài (over twenty *yuan*), etc.

Here 'qī-bā nián' is a complement of duration, indicating the length of time that 'zhù' lasts. The complement of duration is usually used to express the length of time that an action or a state lasts. Only those words expressing a period of time can be used as a complement of duration.

中国語では、隣合ったの二つの数字で概数を表す。たとえば：7,8年、3,4回、2,30元など。

「7,8年」は「住む」の時間を表し、「時間補語」と言う。「時間補語」はある動作、もしくは状態が続く時間を表す。時間帯を表す単語のみ時間補語になり得る。

Tā bìngle sān-sì tiān, méi lái shàngkè.
例：1) 他 病了 三 四 天, 没 来 上课。

Tā chūchāile yī-liǎng gè yuè, hěn xīnkǔ.
2) 他 出差了 一 两 个 月, 很 辛苦。

7

第一課　ニューヨークに七八年間住んでいました

　　　　　　Nǐ děng wǒ èr-sānshí fēnzhōng.
　　　3）你 等 我 二 三十 分钟。

　　　　Shànghǎi hé wǒ yǐqián zhùguo de chéngshì chàbuduō.
2 上海 和 我 以前 住过 的 城市 差不多。

"和/跟……差不多/一样"表示比较，"和/跟"后引出用来比较的对象。

'Hé/gēn……chàbuduō/yíyàng' is an expression for comparison. The item in comparison follows 'hé/gēn'.

「和/跟……差不多/一样」は比較を表す。「和/跟」の後ろは比較の対象である。

　　　　　　　Wǒ de àihào gēn nǐ de chàbuduō.
例：1）我 的 爱好 跟 你 的 差不多。
　　　　　　Jiékè hé Dàwèi yíyàng, hěn xǐhuan chī Sìchuāncài.
　　2）杰克 和 大卫 一样，很 喜欢 吃 四川菜。
　　　　　　Jīntiān de qìwēn hé zuótiān de chàbuduō.
　　3）今天 的 气温 和 昨天 的 差不多。

　　　　Zhǐshì duì Zhōngguó de shíwù hái bù zěnme xíguàn.
3 只是 对 中国 的 食物 还 不 怎么 习惯。

程度副词"不怎么"表示"不太"，指程度或频率不高，其结构形式一般为"不怎么＋形容词/动词"。

'Bù zěnme' means 'bú tài', indicating the degree or frequency is not high, and the structure is 'bù zěnme + adj./v.'.

程度副詞「不怎么」は「あまり」の意味を表す。程度もしくは頻度は高くない。構造は「不怎么＋形容詞/動詞」である。

　　　　　　Zhège diàn de yīfu dōu bù zěnme piányi.
例：1）这个 店 的 衣服 都 不 怎么 便宜。
　　　　　　Tā bù zěnme chōuyān, yě bù zěnme hējiǔ.
　　2）他 不 怎么 抽烟，也 不 怎么 喝酒。
　　　　　　Wǒ bù zěnme xǐhuan zhè bù diànyǐng.
　　3）我 不 怎么 喜欢 这 部 电影。

　　　　Wǒ yǐjīng zài xiànzài de gōngsī gōngzuòle sì nián le.
4 我 已经 在 现在 的 公司 工作了 四 年 了。

在有时量补语的句子中，句尾有"了"时，一般表示一个动作从过去持续到

目前所用的时间,动作还将持续下去;句尾没有"了"时,一般表示动作在过去一段时间内持续的时间。

In a sentence with a complement of duration, the 'le' that ends the sentence indicates the action has lasted from before until now and is continuing. But if there is no 'le' at the end, the sentence means that the action lasted for a period of time and stopped.

時間補語がある文では、文末の「了」の有無に気をつけること。文末に「了」がある場合は、動作は過去から現在まで続いており、将来に続いていくことを表す。文末に「了」がない場合は、動作は過去のある期間内、続いたことを表す。

Dàwèi zài Shànghǎi zhùle liǎng nián le.
例：1) 大卫 在 上海 住了 两 年 了。

Dàwèi zài Shànghǎi zhùle liǎng nián, hòulái qùle Běijīng.
2) 大卫 在 上海 住了 两 年, 后来 去了 北京。

Duì wǒmen lái shuō, bān jiā hé huàn gōngzuò shì hěn pǔtōng de shì.
5 对 我们 来 说, 搬家 和 换 工作 是 很 普通 的 事。

"对……来说"表示从某人或某事物的角度来看某事物,也可以说成"对于……来说"。

'Duì…… lái shuō' means 'to consider something from one's point of view', and also appears as 'duìyú…… lái shuō'.

「对……来说」は人や物事の立場から見ると言う意味を表す。「对于……来说」とも言える。

Duì Zhōngguórén lái shuō, Chūnjié shì yí gè hěn zhòngyào de jiérì.
例：1) 对 中国人 来 说, 春节 是 一个 很 重要 的 节日。

Duì xué yǔyán lái shuō, duō liànxí hěn zhòngyào.
2) 对 学 语言 来 说, 多 练习 很 重要。

Duì tā lái shuō, Shànghǎi de xiàtiān tài rè le.
3) 对 她 来 说, 上海 的 夏天 太 热 了。

Wǒ yìdiǎnr Hànyǔ dōu bú huì shuō.
6 我 一点儿 汉语 都 不 会 说。

"一点儿+名词+都不/没"也可以说成"一点儿+名词+也不/没",在句子中加强否定语气。而"一点儿都不+动词/形容词",表示"完全不",用在句子中加强否定语气。

第一课 ── 我在纽约住了七八年

第一课　ニューヨークに七八年間住んでいました

'Yìdiǎnr + n. + dōu bù/méi', also appearing as 'yìdiǎnr + n. + yě bù/méi', emphasizes negative meaning. And 'yìdiǎnr dōu bù + v./adj.' means 'not at all', used in a sentence to stress the negative meaning.

「一点儿+名詞+都不/没」は「一点儿+名詞+也不/没」とも言え、否定のニュアンスを強調する。「一点儿都不+動詞/形容詞」はぜんぜん～ないという意味を表し、否定の意味を強める。

例：
1) Wáng Huì bìng le, yìdiǎnr dōngxi dōu bù xiǎng chī.
　　王 慧 病 了，一点儿 东西 都 不 想 吃。

2) Nǐ yìdiǎnr shíjiān dōu méiyou ma?
　　你 一点儿 时间 都 没有 吗？

3) Zhè jiàn shì wǒ yìdiǎnr dōu bù zhīdao.
　　这 件 事 我 一点儿 都 不 知道。

4) Wǒ yìdiǎnr dōu bú lèi.
　　我 一点儿 都 不 累。

5) Nǐ yìdiǎnr dōu bú pàng.
　　你 一点儿 都 不 胖。

6) Chōuyān duì shēntǐ yìdiǎnr dōu bù hǎo.
　　抽烟 对 身体 一点儿 都 不 好。

Liànxí　　　　　Exercises
练习　　　　　　練習

1 连词成句。

Organize the following sentences.

次の単語を使って、文を作りなさい。

例：
wǒ　duì　lǎoshī　nàixīn　Hànyǔ　wǒ de　hěn
我　对　老师　耐心　汉语　我的　很

Wǒ de Hànyǔ lǎoshī duì wǒ hěn nàixīn.
我的 汉语 老师 对 我 很 耐心。

1) fēicháng　tā　duì　yángé　māma
　　非常　她　对　严格　妈妈

Unit 1 I have lived in New York for over seven years

2) zǒngshì kèqi rén tā hěn duì
   总是 客气 人 他 很 对

   _____

3) hěn zhè duì lǎoniánrén yánsè héshì zhǒng
   很 这 对 老年人 颜色 合适 种

   _____

4) duì shì tóngshì guo jiàn Lǐ Qiáng shuō nà
   对 事 同事 过 件 李 强 说 那

   _____

5) Shànghǎi dōu shēnghuó xíguàn duì le Jiékè de
   上海 都 生活 习惯 对 了 杰克 的

   _____

2 用"一点儿……都不/没……"改写句子。

Rewrite the following sentences with 'yìdiǎnr……dōu bù/méi……'.

「一点儿……都不/没……」を使って、言い方を変えなさい。

例： Gāng lái Zhōngguó de shíhou, wǒ bú huì shuō Hànyǔ.
    刚 来 中国 的 时候，我 不 会 说 汉语。

    Gāng lái Zhōngguó de shíhou, wǒ yìdiǎnr Hànyǔ dōu bú huì shuō.
    刚 来 中国 的 时候，我 一点儿 汉语 都 不 会 说。

---

1) Wǒ méi hē jiǔ.
   我 没 喝 酒。

   _____

2) Wǒ bù chī làjiāo.
   我 不 吃 辣椒。

   _____

3) Míngtiān tā jiābān, méiyou shíjiān.
   明天 他 加班，没有 时间。

   _____

4) Tā Hànyǔ shuō de búcuò, kěshì bú rènshi Hànzì.
   她 汉语 说 得 不错，可是 不 认识 汉字。

   _____

第一课 我在纽约住了七八年

11

第一課　ニューヨークに七八年間住んでいました

3 用"不怎么＋形容词/动词"造句，谈谈你觉得不太满意的东西或事情。

Make sentences with 'bù zěnme + adj./v.' to express what you are not so satisfied with.

「不怎么＋形容詞/動詞」を使って、自分の好きではない物事を話しなさい。

> Wǒ duì Zhōngguó de shíwù bù zěnme xíguàn.
> 例：我 对 中国 的 食物 不 怎么 习惯。

1) _____

2) _____

3) _____

4 根据提示，用"对……来说"造句。

Make sentences with 'duì……lái shuō' and the words given.

与えられた文章に基づいて、「対……来説」を使って、文を作りなさい。

> wǒ xiànzài cái èrshíbā suì
> 例：我 现在 才 二十八 岁
> Wǒ xiànzài cái èrshíbā suì, duì wǒ lái shuō, shìyè shì zuì zhòngyào de.
> 我 现在 才 二十八 岁，对 我 来 说，事业 是 最 重要 的。

wǒ shì yí gè lǎobǎn
1) 我 是 一个 老板

_____

wǒ shì yí gè lǎoshī
2) 我 是 一个 老师

_____

wǒ liùshí suì le
3) 我 六十 岁 了

_____

5 选词填空。

Fill in the blanks with the proper words given.

適当な単語を選んで、文を完成しなさい。

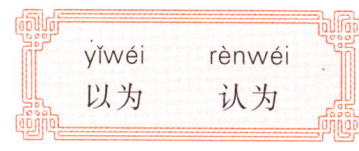

1) Yǐqián wǒ _____ zhège gōngzuò hěn shìhé tā, xiànzài wǒ bú zhème _____ le.
   以前 我 _____ 这个 工作 很 适合 她，现在 我 不 这么 _____ 了。

2) Zài shàng xīngqī de huìshang, zhǐyǒu tā _____ gōngsī de juédìng shì duì de.
   在 上 星期 的 会上，只有 他 _____ 公司 的 决定 是 对 的。

3) Wǒ yìzhí _____ tā jiùshì wǒ yào zhǎo de rén, kěshì hòulái wǒ zhīdao wǒ cuò le.
   我 一直 _____ 他 就是 我 要 找 的 人，可是 后来 我 知道 我 错 了。

4) Lǐ Qiáng juéde zhè xīn fángzi búcuò, dànshì wǒ bù xǐhuan, nǐ _____ ne?
   李 强 觉得 这 新 房子 不错，但是 我 不 喜欢，你 _____ 呢？

5) Jiékè _____ Hànyǔ bǐ Yīngwén nán xué, tèbié shì fāyīn.
   杰克 _____ 汉语 比 英文 难 学，特别 是 发音。

cóng bù	jīnglì	chàbuduō	qíshí	yǐwéi	fēngfù	zhǐshì	shēngqì
从 不	经历	差不多	其实	以为	丰富	只是	生气

6) Gōngsī li láile yí wèi xīn lǎobǎn, kāishǐ dàjiā dōu _____ tā shì Běijīngrén,
   公司 里 来了 一 位 新 老板，开始 大家 都 _____ 他 是 北京人，
   _____ tā shì zhèngzōng de Shànghǎirén, _____ tā yǐqián yìzhí zài Běijīng
   _____ 他 是 正宗 的 上海人，_____ 他 以前 一直 在 北京
   gōngzuò, _____ yǒu shí nián de shíjiān, suǒyǐ yǒudiǎnr Běijīng kǒuyīn.
   工作，_____ 有 十 年 的 时间，所以 有点儿 北京 口音。
   Wǒmen dōu hěn xǐhuan hé tā yìqǐ gōngzuò, liáotiān. Yīnwei
   (accent, なまり)。我们 都 很 喜欢 和 他 一起 工作、聊天。因为
   tā de _____ hěn _____, hé tā liáotiān hěn yǒu yìsi. Zuì hǎo de shì, tā
   他 的 _____ 很 _____，和 他 聊天 很 有 意思。最 好 的 是，他
   _____ duì wǒmen _____.
   _____ 对 我们 _____。

6 用所给的词完成句子。

Complete the following sentences with the words given.

括弧の中の単語を使って、次の文を完成しなさい。

1) Dàjiā dōu yǐwéi tā shì Nánfēirén,＿＿＿＿＿＿＿＿＿＿＿＿＿＿＿＿＿.（qíshí）
   大家 都 以为 他 是 南非人，＿＿＿＿＿＿＿＿＿＿＿＿＿＿＿＿＿。（其实）

2) Wǒ yǐwéi tā zuótiān wǎnshang qù yuēhuì le,＿＿＿＿＿＿＿＿＿＿＿＿＿＿.
   我 以为 他 昨天 晚上 去 约会 了，＿＿＿＿＿＿＿＿＿＿＿＿＿＿。
   (qíshí)
   (其实)

3) Zuótiān nǐ shíyī diǎn cái xiàbān, jīntiān yīnggāi ＿＿＿＿＿＿＿＿＿＿＿＿.
   昨天 你 十一 点 才 下班，今天 应该 ＿＿＿＿＿＿＿＿＿＿＿＿。
   (hǎohāor)
   (好好儿)

4) Rúguǒ nǐ xiǎng hé Zhōngguórén zuò péngyou, jiù ＿＿＿＿＿＿＿＿＿＿＿＿.
   如果 你 想 和 中国人 做 朋友，就 ＿＿＿＿＿＿＿＿＿＿＿＿。
   (hǎohāor)
   (好好儿)

5) Tā Zhōngwén shuō de hěn hǎo,＿＿＿＿＿＿＿＿＿＿＿＿＿＿.（zhǐshì）
   他 中文 说 得 很 好，＿＿＿＿＿＿＿＿＿＿＿＿＿＿。（只是）

6) Chūntiān   de Shànghǎi hěn piàoliang,＿＿＿＿＿＿＿＿＿＿＿＿＿.
   春天 (spring,春) 的 上海 很 漂亮，＿＿＿＿＿＿＿＿＿＿＿＿＿。
   (zhǐshì)
   (只是)

7) Yǐqián wǒ bù xíguàn chī Zhōngguó de shíwù, xiànzài ＿＿＿＿＿＿＿＿＿＿.
   以前 我 不 习惯 吃 中国 的 食物，现在 ＿＿＿＿＿＿＿＿＿＿。
   (chàbuduō)
   (差不多)

8) Qùnián wǒ zài Běijīng gōngzuò, xiànzài wǒ zài Shànghǎi gōngzuò, wǒ juéde
   去年 我 在 北京 工作，现在 我 在 上海 工作，我 觉得
   ＿＿＿＿＿＿＿＿＿＿＿＿＿＿＿＿.（chàbuduō）
   ＿＿＿＿＿＿＿＿＿＿＿＿＿＿＿＿。（差不多）

9) Diànyǐngpiào tài guì le, suǒyǐ wǒ jīngcháng zài jiā kàn DVD,＿＿＿＿＿
   电影票 太 贵 了，所以 我 经常 在 家 看 DVD，＿＿＿＿＿
   ＿＿＿＿＿＿＿＿＿＿＿＿＿＿＿.（cóng bù）
   ＿＿＿＿＿＿＿＿＿＿＿＿＿＿＿。（从 不）

Unit 1 I have lived in New York for over seven years

Tā juéde wàimian de fàncài bù gānjìng, suǒyǐ _____.
10) 他 觉得 外面 的 饭菜 不 干净，所以 _____。
(cóng bù)
（从 不）

7 说出"才"在句子中的意思并模仿造句。

Tell what 'cái' means in each sentence and make a sentence with 'cái' that has the same meaning.

「才」の意味を述べ、同じ意味を持つ「才」を使って、文を作りなさい。

Nǐ zěnme cái lái?
1) 你 怎么 才 来？

Nǐmen gōngsī de lǎobǎn cái sānshí suì?
2) 你们 公司 的 老板 才 三十 岁？

Wǒmen gōngsī bú dà, cái èrshí gè rén.
3) 我们 公司 不大，才 二十 个 人。

Wǒ jīntiān jiǔ diǎn cái qǐchuáng,   shí diǎn cái dào gōngsī.
4) 我 今天 九 点 才 起床（get up, 起きる），十 点 才 到 公司。

8 根据实际情况回答问题。

Answer the following questions.

実際の状況に基づいて、質問に答えなさい。

Nǐ zài Zhōngguó zhùle duō cháng shíjiān le? Nǐ dǎsuan zài Zhōngguó zhù duō
1) 你 在 中国 住了 多 长 时间 了？你 打算 在 中国 住 多
cháng shíjiān?
 长 时间？

Duì nǐ lái shuō shénme shì zuì zhòngyào de? Jiātíng,   shìyè,
2) 对 你 来 说 什么 是 最 重要 的？家庭（family, 家庭），事业，
àiqíng,   háishi bié de? Wèishénme?
爱情（love, 爱情），还是 别 的？为什么？

Nǐ zài nǎxiē chéngshì zhùguo? Nǐ zài nǎge chéngshì zhù de shíjiān zuì cháng?
3) 你 在 哪些 城市 住过？你 在 哪个 城市 住 的 时间 最 长？
Nàli zěnmeyàng? Qǐng bǐjiào zhèxiē chéngshì.
那里 怎么样？请 比较 这些 城市。

第一课 我在纽约住了七八年

15

9 阅读短文并回答问题。

Read the following passage and answer the questions.

次の短文を読んで、質問に答えなさい。

一对住在上海的外国夫妻

宋先生和宋太太都是马来西亚① 人。结婚以前,宋先生在一家五星级② 酒店工作了四五年。别人放假的时候,他在加班。宋太太在香港工作,是市场部经理,也一直很忙。宋先生去香港出差的时候,认识了宋太太。结婚以后,宋太太的公司派她来上海工作。为了③ 有更多的时间在一起,他们决定一起来上海。

现在,他们在上海一年多了。宋先生是一名高尔夫球教练④。他每天上午教⑤ 人打球,他的学生都是他的朋友。宋先生的收入⑥ 不多。他说:"我们不想为了钱工作,我认为我的家庭比我的事业更重要。"宋先生和宋太太有两个孩子。因为宋先生的工作不怎么忙,所以他负责照顾⑦ 孩子。

宋太太说:"对一个男人来说,为了家庭不要自己的事业是很不容易的。有的人觉得他傻⑧,可是我觉得他一点儿也不傻。他是一个好丈夫⑨,也是一个好爸爸。"

Unit 1 I have lived in New York for over seven years

① 马来西亚	Mǎláixīyà	Malaysia	マレーシア
② 五星级	wǔxīngjí	five-star	五つ星
③ 为了	wèile	for; for the sake of	〜のために
④ 教练	jiàoliàn	coach; tutor	コーチ
⑤ 教	jiāo	to teach	教える
⑥ 收入	shōurù	income	収入
⑦ 照顾	zhàogù	to take care of	面倒を見る
⑧ 傻	shǎ	foolish	馬鹿
⑨ 丈夫	zhàngfu	husband	主人、夫

1) Sòng xiānsheng hé Sòng tàitai wèishénme lái Shànghǎi?
宋 先生 和 宋 太太 为什么 来 上海？

2) Sòng xiānsheng gōngzuò máng háishi Sòng tàitai gōngzuò máng?
宋 先生 工作 忙 还是 宋 太太 工作 忙？

3) Nǐ juéde jiātíng hé shìyè, nǎ yí gè gèng zhòngyào ne?
你 觉得 家庭 和 事业，哪 一 个 更 重要 呢？

4) Rúguǒ nǐ shì Sòng xiānsheng, nǐ yuànyì wèile jiātíng bú yào zìjǐ de shìyè ma?
如果 你 是 宋 先生，你 愿意 为了 家庭 不要 自己 的 事业 吗？

5) Nǐ juéde Sòng xiānsheng shǎ ma?
你 觉得 宋 先生 傻 吗？

10 课堂活动。

Practice in class.

練習。

1) 请学生两人一组，用中文了解对方以前的经历，然后每个人向大家介绍另一个人的经历。请尽量使用课文中的生词和句型。

2) 问问学生这里的生活怎么样，有什么好的地方和不好的地方。

11 写作文。

Write a short essay.

作文。

《Yí cì yǒuqù de jīnglì》（èrbǎi zì zuǒyòu）
《一次 有趣 的 经历》（二百 字 左右）

第一课 — 我在纽约住了七八年

17

第一課　ニューヨークに七八年間住んでいました

 Tīnglì　听力　｜　Listening　ヒアリング

1 Tīng lùyīn, wánchéng jùzi.
听 录音，完成 句子。

1）Mùcūn tàitai yǐjīng ＿＿＿＿＿＿＿＿＿＿＿＿＿＿＿.
　　木村 太太 已经 ＿＿＿＿＿＿＿＿＿＿＿＿＿＿＿。

2）Wǒ gāng lái Zhōngguó, ＿＿＿＿＿＿＿＿＿＿＿＿＿＿＿.
　　我 刚 来 中国，＿＿＿＿＿＿＿＿＿＿＿＿＿＿＿。

3）Yǐqián Tāngmǔ ＿＿＿＿＿＿＿＿＿＿＿, shēnghuó hěn bù fāngbiàn.
　　以前 汤姆 ＿＿＿＿＿＿＿＿＿＿＿，生活 很 不 方便。

4）Zhège bāo ＿＿＿＿＿＿＿＿＿＿＿＿＿＿＿.
　　这个 包 ＿＿＿＿＿＿＿＿＿＿＿＿＿＿＿。

5）Duì mèimei lái shuō, ＿＿＿＿＿＿＿＿＿＿＿＿＿＿＿.
　　对 妹妹 来 说，＿＿＿＿＿＿＿＿＿＿＿＿＿＿＿。

2 Tīng duìhuà, xuǎnzé zhèngquè de dá'àn.
听 对话，选择 正确 的 答案。

1）A. bìng le　　　　　　　B. méi bìng
　　　病 了　　　　　　　　　没 病

2）A. wǔ nián duō　　　　　B. liǎng nián duō
　　　五 年 多　　　　　　　　两 年 多

3）A. bù hǎo　　　　　　　 B. hǎo
　　　不 好　　　　　　　　　好

4）A. shí gè xiǎoshí　　　　B. sì gè xiǎoshí
　　　十 个 小时　　　　　　　四 个 小时

5）A. lǎoshī　　　　　　　 B. xuésheng
　　　老师　　　　　　　　　　学生

3 Tīng duìhuà, huídá wèntí.
听 对话，回答 问题。

1）Tāngmǔ hé Wáng Lì shì dì jǐ cì jiànmiàn?
　　汤姆 和 王 丽 是 第几 次 见面？

18

Unit 1 I have lived in New York for over seven years

Tāngmǔ lái Shànghǎi duō jiǔ le?
2) 汤姆 来 上海 多久了?

Wáng Lì shì Shànghǎirén ma?
3) 王丽是 上海人 吗?

Tāngmǔ xíguàn Shànghǎi de shēnghuó ma?
4) 汤姆 习惯 上海 的 生活 吗?

Tāngmǔ juéde Shànghǎi zěnmeyàng?
5) 汤姆 觉得 上海 怎么样?

Nǐ xūyào zhīdao de shēnghuó Hànzì
你需要 知道的 生活 汉字
The Chinese Characters You Need to Know
知っておくべき生活中の漢字

同样是吃饭的地方,在汉语中却有不同的名称。看看下面这些招牌。

In Chinese, we have different terms for restaurant. Check the following boards in the pictures.

食事をする場所と言っても、中国語にはそれぞれの名前があります。次の看板を見てください。

① 饭店(fàndiàn, restaurant or hotel, レストランまたはホテル)

② 酒店(jiǔdiàn, restaurant or hotel, レストランまたはホテル)

③ 酒家(jiǔjiā, restaurant, 料理屋の店名)

第一課　ニューヨークに七八年間住んでいました

④ 餐厅（cāntīng, restaurant or dining room, 食堂、レストラン）

饭店　酒家　餐厅

Nǐ xūyào zhīdao de Zhōnghuá chéngyǔ
你需要知道的中华成语
The Chinese Idioms You Need to Know
知っておくべき中国成語

前言

　　汉语有着丰富的词汇和各式各样的固定形式的词组，成语就是一种经常被使用的固定词组。成语来自于古代典籍和民间口语，大多数由四个字组成，用来说明一个事实、一个道理或者比喻一个形象。成语简短却意蕴深刻，因此如果在谈话或文章中使用得当，将会使表达生动而有说服力。本书将选取一些经典而实用的成语以供学习及应用。

Introduction

The Chinese language has abundant vocabulary and different types of fixed phrases. Chinese idioms are one type of fixed phrases that are used frequently. The idioms came from classical books and records and folk colloquial language. Chinese idioms, most of which are made of four characters, can tell or explain a fact, an argument or a metaphor. Chinese idioms are short but can convey deep thoughts, so they will, if used properly in a conversation or literature, make the words more persuasive and vivid. In this book, we have selected both classic and practical idioms for students to learn and use.

前書き

　　中国語には、豊富な語彙とさまざまな決まった表現方式があり、成語はよく使われている決まった表現方式の一種です。現代の成語は古典書籍と民間伝承から発展してきており、ほとんどの成語は四文字の漢字からなっていて、事実を説明したり、道理を説いたり、比喩に用います。成語は簡潔でありながら、意味が深く、会話の中或いは文章で成語を適当に使えたら、表現は生き生きとし、説得力を持つようになります。本教科書はよく使われ、実用的な成語を説明し、応用を学びます。

Unit 1 I have lived in New York for over seven years

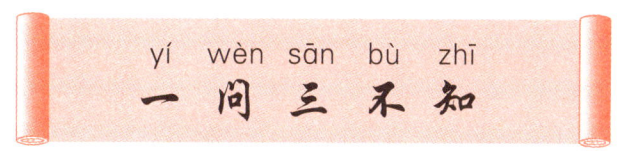

第一课 ― 我在纽约住了七八年

"一问三不知"指对每个问题都说"不知道"。

'Yí wèn sān bù zhī' is used to describe someone knows nothing.

何を聞かれても知らない様子。

wèn：to ask zhī：to know

问：聞く 知：知る

例：① A： Lǎobǎn, nǐmen zhèli de fúwùyuán zěnme yí wèn sān bù zhī a?
老板，你们 这里 的 服务员 怎么 一 问 三 不 知 啊？

B： Duìbuqǐ, duìbuqǐ, gāngcái nàge fúwùyuán zuótiān cái kāishǐ shàngbān.
对不起，对不起，刚才 那个 服务员 昨天 才 开始 上班。

② Tā zuótiān méi lái shàngkè, suǒyǐ jīntiān lǎoshī wèn tā wèntí de shíhou, tā shì
他 昨天 没 来 上课，所以 今天 老师 问 他 问题 的 时候，他 是
yí wèn sān bù zhī.
一 问 三 不 知。

第二課　中秋節はどうやって過ごしますか

Dì-èr Kè
第二课
Unit 2
第二課

Zhōngqiūjié nǐ zěnme guò?
中秋节 你 怎么 过？
How do you celebrate the Mid-Autumn Festival?
中秋節はどうやって過ごしますか

Kèwén
课文

Lǐ Qiáng： Jiékè, míngtiān jiù shì Zhōngqiūjié le, nǐ dǎsuan zěnme guò?
李　强： 杰克，明天 就是 中秋节 了，你 打算 怎么 过？

Jiékè： Kàn qilai zhǐhǎo zìjǐ guò le.
杰克： 看 起来 只好 自己 过 了。

Lǐ Qiáng： Shì zhèyàng a! Nà nǐ míng wǎn lái wǒ jiā chīfàn
李　强： 是 这样 啊！那 你 明 晚 来 我 家 吃饭

ba. Wǒ mā zuò cài de shǒuyì kě hǎo le! Nǐ yídìng
吧。我妈做菜的手艺可好了！你一定
yào lái chángchang.
要来尝尝。

Jiékè： Nà zěnme hǎoyìsi? Tài máfan nǐmen le.
杰克： 那怎么好意思？太麻烦你们了。

Lǐ Qiáng： Yìdiǎnr dōu bù máfan. Wǒ mā kě xǐhuan rènao le, nǐ
李 强： 一点儿都不麻烦。我妈可喜欢热闹了，你
lái tā yídìng hěn gāoxìng.
来她一定很高兴。

Jiékè： Wǒ yào bú yào zhǔnbèi diǎnr shénme dōngxi a?
杰克： 我要不要准备点儿什么东西啊？

Lǐ Qiáng： Nǐ shénme dōu bú yòng dài, qiānwàn bié kèqi a!
李 强： 你什么都不用带，千万别客气啊！

(Jiékè qiāo mén, Lǐ Qiáng kāi mén)
(杰克敲门，李强开门)

Lǐ Qiáng： Jiékè, nǐ lái la! Kuài qǐng jìn!
李 强： 杰克，你来啦！快请进！

(Jiékè jìn wū hé Lǐ Qiáng de fùmǔ hánxuān)
(杰克进屋和李强的父母寒暄)

Jiékè： Shūshu、āyí, nǐmen hǎo! Jīntiān dǎrǎo nǐmen le.
杰克： 叔叔、阿姨，你们好！今天打扰你们了。

Lǐ mǔ： Bié kèqi, nǐ jiù gēn zài zìjǐ jiāli yíyàng hǎo le,
李 母： 别客气，你就跟在自己家里一样好了，
suíbiàn diǎnr.
随便点儿。

Jiékè： Wǒ dàile liǎng hé Měiguó de qiǎokèlì, bù zhīdao
杰克： 我带了两盒美国的巧克力，不知道

第二课 中秋节你怎么过？

第二課　中秋節はどうやって過ごしますか

　　　　　　　nǐmen xǐ bù xǐhuan.
　　　　　　　你们 喜 不 喜欢。

Lǐ Qiáng：Āiyā, ràng nǐ bú yào dài dōngxi, kèqi shénme ya!
李　强：哎呀，让 你 不 要 带 东西，客气 什么 呀！

　　　　　　　Nǐ èle ba, kuài zuò ba!
　　　　　　　你 饿了 吧，快 坐 吧！

(zài fànzhuō shang)
（在 饭桌 上）

Jiékè：Zhège yāzi zhēn hǎochī!
杰克：这个 鸭子 真 好吃！

Lǐ fù：Xǐhuan chī jiù duō chī yìdiǎnr. Lái, wǒmen liǎng gè
李父：喜欢 吃 就 多 吃 一点儿。来，我们 两 个
　　　　gān yì bēi!
　　　　干 一 杯！

Jiékè：Shūshu, wǒ bú huì hē jiǔ.
杰克：叔叔，我 不 会 喝 酒。

Lǐ Qiáng：Shì a, bà, Jiékè cóng bù hē jiǔ, ràng tā hē
李　强：是 啊，爸，杰克 从 不 喝 酒，让 他 喝
　　　　chéngzhī ba! Tā míngtiān yào chūchāi ne.
　　　　橙汁 吧！他 明天 要 出差 呢。

Lǐ fù：Hǎo, bù hē jiǔ jiù duō chī diǎnr cài, zài chángchang
李父：好，不 喝 酒 就 多 吃 点儿 菜，再 尝尝
　　　　zhège.
　　　　这个。

Jiékè：Hǎo, wǒ yǐjīng chīle hěn duō le, āyí de shǒuyì zhēn hǎo!
杰克：好，我 已经 吃了 很 多 了，阿姨 的 手艺 真 好！

(chīwán fàn, Jiékè gàobié)
（吃完 饭，杰克 告别）

Unit 2 How do you celebrate the Mid-Autumn Festival?

Jiékè: Dōu shí diǎn le, wǒ děi zǒu le.
杰克： 都 十 点 了，我 得 走 了。

Lǐ mǔ: Jí shénme a, chīle yuèbǐng zài zǒu ba!
李母： 急 什么 啊，吃了 月饼 再 走 吧!

Jiékè: Míngtiān yào chūchāi, wǒ děi zǎo diǎnr huíqu.
杰克： 明天 要 出差，我 得 早 点儿 回去。

Lǐ mǔ: Zhèyàng de huà, jiù bù liú nǐ le.
李母： 这样 的 话，就 不 留 你 了。

Jiékè: Hǎo, shūshu、āyí, wǒ zǒu le, xià cì wǒ qǐng nǐmen
杰克： 好， 叔叔、阿姨，我 走 了，下 次 我 请 你们
dào wǒ jiā qù wán. Zàijiàn!
到 我 家 去 玩。 再见!

Lǐ mǔ: Nǐ màn zǒu a, lùshang xiǎoxīn! Zàijiàn!
李母： 你 慢 走 啊， 路上 小心! 再见!

第二课 中秋节你怎么过？

Shēngcí
生词

Vocabulary
単語

1.	过	guò	to spend (time)	過す
2.	看起来	kàn qilai	it looks as though; it appears	～らしい、～ようだ
3.	只好	zhǐhǎo	have to; be forced to	～するしかない
4.	手艺	shǒuyì	skill; craftsmanship	ある専門の技術、文中は 調理の意味
5.	热闹	rènao	lively; bustling	賑やか
6.	准备	zhǔnbèi	to prepare	用意する
7.	千万	qiānwàn	to make sure to	絶対に
8.	叔叔	shūshu	uncle	おじさん
9.	阿姨	āyí	aunt	おばさん
10.	打扰	dǎrǎo	to disturb	邪魔する
11.	随便	suíbiàn	casual; informal	自由に；気楽に

25

第二課　中秋節はどうやって過ごしますか

12.	盒	hé	box	箱
13.	巧克力	qiǎokèlì	chocolate	チョコレート
14.	让	ràng	to let; to make (somebody do something)	させる
15.	鸭子	yāzi	duck	あひる；あひるの肉
16.	干杯	gānbēi	to drink a toast; to drink bottom up	乾杯
17.	得	děi	have to; must	～の必要がある
18.	急	jí	impatient; anxious; hasty	急ぐ
19.	留	liú	to ask somebody to stay	とめる
20.	小心	xiǎoxīn	to be careful; to take care	気をつける、注意する

Zhuānyǒu Míngcí 专有 名词 | Proper Nouns 固有名詞

| 中秋节 | Zhōngqiūjié | Mid-Autumn Festival | 中秋節 |

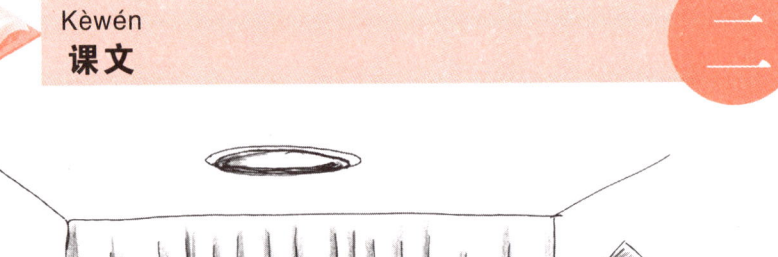

Kèwén 课文

二

26

èr yuè bā rì　xīngqī'èr　qíng
二 月 八 日　星期二　晴

Zuótiān shì Zhōngguó de xīnnián —— Chūnjié, wǒ de zhàngfu
昨天 是 中国 的 新年 —— 春节，我 的 丈夫
zhènghǎo huí Rìběn le, tā de mìshū Wáng Huì jiù yāoqǐng wǒ qù tā
正好 回 日本 了，他 的 秘书 王 慧 就 邀请 我 去 她
jiā guò Chūnjié. Wǒ cóng méi zài Zhōngguó guòguo Chūnjié, tèbié
家 过 春节。我 从 没 在 中国 过过 春节，特别
shì zài Zhōngguórén jiāli guò Chūnjié, suǒyǐ wǒ gāoxìng jí le.
是 在 中国人 家里 过 春节，所以 我 高兴 极 了。
Wáng Huì qǐng wǒ qī diǎn qù tā jiā chī wǎnfàn, kěshì wǒ
王 慧 请 我 七 点 去 她 家 吃 晚饭，可是 我
mílù le, jiéguǒ dào tā jiā dōu bā diǎn le. Wáng Huì jiāli kě
迷路 了，结果 到 她 家 都 八 点 了。王 慧 家里 可
rènao le. Wáng Huì ràng wǒ suíbiàn diǎnr, bié kèqi. Wǒ bù zhīdao
热闹 了。王 慧 让 我 随便 点儿，别 客气。我 不 知道
sòng shénme lǐwù bǐjiào héshì, jiù dàile liǎng hé Rìběn de diǎnxin,
送 什么 礼物 比较 合适，就 带了 两 盒 日本 的 点心，
hái zhǔnbèile yí gè zìjǐ zuò de Rìběncài. Wáng Huì yì jiā dōu hěn
还 准备了 一 个 自己 做 的 日本菜。王 慧 一家 都 很
xǐhuan wǒ zuò de Rìběncài, dōu shuō wǒ de shǒuyì hǎo jí le, zhè
喜欢 我 做 的 日本菜，都 说 我 的 手艺 好 极 了，这
ràng wǒ hěn bùhǎoyìsi. Qíshí, Wáng Huì de shǒuyì bǐ wǒ de hǎo.
让 我 很 不好意思。其实，王 慧 的 手艺 比 我 的 好。
Zuótiān de wǎnfàn dōu shì Wáng Huì zuò de, kě hǎochī le. Chīfàn
昨天 的 晚饭 都 是 王 慧 做 的，可 好吃 了。吃饭
de shíhou, dàjiā gěi wǒ jièshào Zhōngguó de chuántǒng, wèn wǒ
的 时候，大家 给 我 介绍 中国 的 传统， 问 我

第二课　中秋节你怎么过？

第二課　中秋節はどうやって過ごしますか

Zhōngguó de xīnnián gēn Rìběn de yíyàng bù yíyàng, wǒmen tán de
中国　的　新年　跟　日本　的　一样　不　一样，我们　谈　得
kě gāoxìng le. Hòulái, wǒmen hái qù wàimian fàngle biānpào. Kāishǐ
可　高兴　了。后来，我们　还　去　外面　放了　鞭炮。开始
de shíhou, wǒ yǒudiǎnr pà, dānxīn bù kěyǐ zài xiǎoqū li fàng
的　时候，我　有点儿　怕，担心　不　可以　在　小区　里　放
biānpào. Wáng Huì shuō: "Nǐ pà shénme a, jīntiān shì chúxī, kěyǐ
鞭炮。王　慧　说："你　怕　什么　啊，今天　是　除夕，可以
fàng." Hòulái kàndào dàjiā dōu fàng biānpào, wǒ jiù fàngxīn le.
放。"后来　看到　大家　都　放　鞭炮，我　就　放心　了。
Huí jiā de shíhou dōu shí'èr diǎn le, kěshì wǒ yìdiǎnr dōu
回家　的　时候　都　十二　点　了，可是　我　一点儿　都
bú lèi. Zhōngguó de Chūnjié gēn Rìběn de xīnnián yìdiǎnr dōu bù
不　累。中国　的　春节　跟　日本　的　新年　一点儿　都　不
yíyàng, zhēn yǒu yìsi!
一样，真　有意思！

Shēngcí 生词 | Vocabulary 单語

1. 丈夫	zhàngfu	husband	主人、夫
2. 正好	zhènghǎo	happen to; as it happens	ちょうど
3. 邀请	yāoqǐng	to invite	招待する
4. 从没	cóng méi	never	これまで一度も～したことがない
5. 结果	jiéguǒ	result	結局、とうとう
6. 比较	bǐjiào	relatively	割合に、比較的に
7. 谈	tán	to talk; to chat	話す
8. 后来	hòulái	later; afterwards	後で、その後
9. 放	fàng	to set off	（爆竹）を鳴らす
10. 鞭炮	biānpào	firecracker	爆竹

Unit 2　How do you celebrate the Mid-Autumn Festival?

11. 怕	pà	to be afraid; worried	心配する
12. 小区	xiǎoqū	residential compound	団地
13. 除夕	chúxī	New Year's Eve	大晦日

Zhuānyǒu Míngcí　专有名词 | Proper Nouns 固有名詞

| 春节 | Chūnjié | Spring Festival | 旧正月 |

Zhùshì 注释 | Notes 解釈

1　Wǒ mā zuò cài de shǒuyì kě hǎo le!
　　我 妈 做 菜 的 手艺 可 好 了!

句中的"可"表示强调,可用于感叹句,句末用语气助词。

'Kě' in this sentence is used to stress and can be used in an exclamatory sentence with a modal particle at the end of the sentence.

文中の「可」は強調の意味を表す。感嘆文としても使え、その場合は文末に語気助詞を置く。

例:1)　Sìchuāncài kě là le!
　　　四川菜 可 辣 了!

　　2)　Jīntiān de fēng kě dà le!
　　　今天 的 风 可 大 了!

　　3)　Wǒ nǚpéngyou kě xǐhuan kàn diànyǐng le!
　　　我 女朋友 可 喜欢 看 电影 了!

2　Nà zěnme hǎoyìsi?
　　那 怎么 好意思?

"那怎么"表示反问语气,用在句中表达与字面相反的意思。"那怎么好意思"意为"不好意思"。

'Nà zěnme' makes the sentence a rhetorical question, expressing an

第二课　中秋节你怎么过?

29

opposite meaning. The meaning of 'nà zěnme hǎoyìsi' is 'bùhǎoyìsi'.

「那怎么」はここでは反語のニュアンスがあり、反対の意味を表す。「那怎么好意思」はそうなら本当に申し訳ないという意味である。

例：
1） Zhǐ chī bú yùndòng, nà zěnme kěyǐ?
　　只 吃 不 运动，那 怎么 可以？

2） Dōu zhōngwǔ le, nǐ yào mǎi xiàwǔ de fēijīpiào, nà zěnme láidejí?
　　都 中午 了，你 要 买 下午 的 飞机票，那 怎么 来得及？

3） Wǒ shuìjiào nǐ gōngzuò, nà zěnme hǎoyìsi?
　　我 睡觉 你 工作，那 怎么 好意思？

❸ Kèqi shénme ya!
客气 什么 呀！

"客气什么"表示"不用客气"。"动词/形容词＋什么"表达否定或不满的意思。

'Kèqi shénme' means 'bú yòng kèqi'. The structure 'v. /adj. + shénme' expresses negative or unsatisfactory meanings.

「客気什么」は遠慮しないでという意味を表す。「動詞/形容詞＋什么」は否定の意味または、不満なニュアンスを持っている。

例：
1） Pǎo shénme, màn diǎnr!
　　跑 什么，慢 点儿！

2） Kū shénme a! Nǐ dōu zhème dà de rén le.
　　哭 什么 啊！你 都 这么 大 的 人 了。

3） Wǒ juéde zuò dìtiě zuì fāngbiàn, zuò chūzūchē kuài shénme ya, dǔ chē dǔ de tài lìhai le.
　　我 觉得 坐 地铁 最 方便，坐 出租车 快 什么 呀，堵 车 堵 得 太 厉害 了。

❹ Xǐhuan chī jiù duō chī yìdiǎnr.
喜欢 吃 就 多 吃 一点儿。

句中的"就"是"如果……就……"的省略形式，表示一种假设。"如果"的后面提出一种假设，"就"则说明在这种情况下会出现的一种结果。"如果"可以在主语前，也可以在主语后。

In the sentence pattern 'rúguǒ……jiù……', 'rúguǒ' can be omitted. It is used to make a supposition. A supposition is raised in the first part of the sentence with 'rúguǒ', and then the second part with 'jiù' tells the result that might happen accordingly. 'Rúguǒ' can be used either before or after the subject.

「就」は「如果……就……」を略した構造で、仮定を表す。「如果」の後ろに仮定を述べ、「就」はその仮定の下に起こり得る結果を説明する。「如果」は主語の前にも、後ろにも置くことができる。

例：
1) Bù xiǎng qù jiù bié qù.
   不想去就别去。
2) Tā rúguǒ zhēn de bù xiǎng qù, nǐ jiù zìjǐ qù ba.
   他如果真的不想去，你就自己去吧。
3) Lǎobǎn zài, dàjiā jiù huì hěn ānjìng.
   老板在，大家就会很安静。

5 Dōu shí diǎn le, wǒ děi zǒu le.
都十点了，我得走了。

句中的"都"是"已经"的意思，用于加强语气，句末常用"了"。

'Dōu' in this sentence means 'already'. It is used to stress. A 'le' is usually used at the end of the sentence.

「都」はもう、すでにという意味を表す。意味を強調し、文末によく「了」が用いられる。

例：
1) Fàn dōu liáng le, kuài chī ba.
   饭都凉（cold,冷める）了，快吃吧。
2) Tiān dōu hēi le, tā zěnme hái bù huílai?
   天都黑了，他怎么还不回来？
3) Lǎo Wáng dōu qīshí suì le, shēntǐ hái zhème hǎo.
   老王都七十岁了，身体还这么好。

6 Chīle yuèbǐng zài zǒu ba!
吃了月饼再走吧！

"动词+了+再+动词"表示一件事情结束以后再做另外一件事情。"再"表示"然后"。

The structure 'v. + le + zài + v.' is used to express doing one thing after another thing has been done. 'Zài' means 'ránhòu'.

「動詞+了+再+動詞」はひとつのことを終えてからひとつことをやるという意味で、「再」は「然后」の意味を表す。

第二课　中秋节你怎么过？

第二課　中秋節はどうやって過ごしますか

　　　　　Shuí dōu zhīdao yīnggāi xǐle shǒu zài chīfàn.
例：1）谁 都 知道 应该 洗了 手 再 吃饭。

　　　　　Wǒ dǎsuan kànle shū zài xiūxi.
　　2）我 打算 看了 书 再 休息。

　　　　　Zài Zhōngguó chīfàn, yìbān shàngle liángcài zài shàng rècài.
　　3）在 中国 吃饭，一般 上了 凉菜 再 上 热菜。

　　　　Wǒ cóng méi zài Zhōngguó guòguo Chūnjié.
7 我 从 没 在 中国 过过 春节。

　　请注意"从没"和"从不"的区别。"从不"强调主观不想、不能、不愿意或不喜欢，"从没"则表示没有做过某事或没有某种经历，常常和"过"一起用。

　　Please notice that there are differences between 'cóng méi' and 'cóng bù'. 'Cóng bù' means that one subjectively does not want, is not willing, does not like or cannot do something, while 'cóng méi' expresses that one has never done something or never have the experience, and is usually used with 'guo'.

　　「从不」「从没」の区別に気をつけること。「从不」は主観的にやりたくない、できない、好きではないということを強調する。「从没」はこれまで一度もやったことがない、ある経験がないという意味を表す。よく「过」と一緒に使う。

　　　　　Wǒ cóng bù chī píngguǒ.
例：1）我 从 不 吃 苹果。

　　　　　Nàge shāngdiàn de dōngxi tài guì, wǒ cóng bù mǎi nàli de dōngxi.
　　2）那个 商店 的 东西 太 贵，我 从 不 买 那里 的 东西。

　　　　　Tā cóng méi kànguo yáyī.
　　3）他 从 没 看过 牙医。

Liànxí 练习 | Exercises 練習

1 用所给的词完成句子。

Complete the following sentences with the words given.

括弧の中の単語を使って、次の文を完成しなさい。

　　　Xuéhǎo Hànyǔ
　1）学好 汉语 _____ 。（就）

Unit 2　How do you celebrate the Mid-Autumn Festival?

2) ＿＿＿＿＿＿＿＿＿＿＿＿＿＿＿＿＿＿，nǐ zěnme hái bú qù shàngbān？（dōu ……le）
　　＿＿＿＿＿＿＿＿＿＿＿＿＿＿＿＿＿＿，你 怎么 还 不 去 　上班？（都……了）

3) ＿＿＿＿＿＿＿＿＿＿＿＿＿＿＿＿＿＿，xuéxiào li yídìng méi rén le.（dōu ……le）
　　＿＿＿＿＿＿＿＿＿＿＿＿＿＿＿＿＿＿，学校 里 一定 没 人 了。（都……了）

4) Nǐmen bāngle wǒ hěnduō, hái sòng wǒ lǐwù, ＿＿＿＿＿＿＿＿＿＿＿？
　　你们 　帮了 　我 　很多，　还 　送 　我 　礼物，＿＿＿＿＿＿＿＿＿＿＿？
　　（nà zěnme）
　　（那 怎么）

5) Wǒmen yǐjīng mǎihǎole diànyǐngpiào, nǐ xiànzài shuō bù xiǎng kàn,
　　我们 　已经 　买好了 　　电影票， 　你 现在 　说 不 想 　看，
　　＿＿＿＿＿＿＿＿＿＿＿＿＿＿＿＿＿＿＿＿＿＿？（nà zěnme）
　　＿＿＿＿＿＿＿＿＿＿＿＿＿＿＿＿＿＿＿＿＿＿？（那 怎么）

6) Jīntiān shì Zhōngqiūjié, kěshì wǒ de bàba-māma dōu bú zài Shànghǎi
　　今天 　是 　中秋节，　可是 我 的 爸爸妈妈 　都 不 在 　上海
　　＿＿＿＿＿＿＿＿＿＿＿＿＿＿＿＿＿＿＿＿＿．（zhǐhǎo）
　　＿＿＿＿＿＿＿＿＿＿＿＿＿＿＿＿＿＿＿＿＿。（只好）

7) Zuótiān wǒ zìjǐ qù péngyou jiā, kěshì wǒ wàngle tā jiā de dìzhǐ,
　　昨天 　我 自己 去 朋友 　家，可是 我 忘了 他 家 的 地址，
　　＿＿＿＿＿＿＿＿＿＿＿＿＿＿＿＿＿＿＿＿＿．（jiéguǒ）
　　＿＿＿＿＿＿＿＿＿＿＿＿＿＿＿＿＿＿＿＿＿。（结果）

8) Wǒ de péngyou yìdiǎnr Hànyǔ yě bú huì shuō. Zuótiān tā zìjǐ qù shìchǎng
　　我 的 朋友 　一点儿 汉语 也 不 会 说。昨天 　她 自己 去 市场
　　mǎi dōngxi, ＿＿＿＿＿＿＿＿＿＿＿＿＿＿＿＿＿＿．（jiéguǒ）
　　买 东西，　＿＿＿＿＿＿＿＿＿＿＿＿＿＿＿＿＿＿。（结果）

9) Lǐ Qiáng de māma ＿＿＿＿＿＿＿＿＿＿＿＿＿＿＿＿＿＿＿＿＿．
　　李 强 的 妈妈 ＿＿＿＿＿＿＿＿＿＿＿＿＿＿＿＿＿＿＿＿＿。
　　qíshí tā yǐjīng wǔshí suì le.（kàn qilai）
　　其实 她 已经 五十 岁 了。（看 起来）

10) Wǒ jiā yǐjīng yǒu wǔ hé yuèbǐng le, nǐ lái wǒ jiā de shíhou
　　 我 家 已经 　有 五 盒 月饼 了，你 来 我 家 的 时候
　　 ＿＿＿＿＿＿＿＿＿＿＿＿＿＿＿＿＿＿＿＿＿．（qiānwàn）
　　 ＿＿＿＿＿＿＿＿＿＿＿＿＿＿＿＿＿＿＿＿＿。（千万）

第二课　中秋节你怎么过？

33

第二課　中秋節はどうやって過ごしますか

2 用"动词＋了＋再＋动词"描述典子一天的安排。

Talk about Noriko's schedule for the day with 'v. + le + zài + v.'.

「動詞＋了＋再＋動詞」の構文を使って、典子の一日のスケジュールを述べなさい。

	事件
1	chī zǎofàn 吃　早饭
2	sòng háizi shàngxué 送　孩子　上学
3	tàng tóufa 烫　头发
4	mǎi dōngxi 买　东西
5	zuò fàn 做　饭
6	shōushi fángjiān 收拾　房间
7	kàn diànshì 看　电视
8	shuìjiào 睡觉

例：Diǎnzǐ chīle zǎofàn zài sòng háizi shàngxué.
典子　吃了　早饭　再　送　孩子　上学。

1) _____

2) _____

3) _____

4) _____

5) _____

6) _____

3 用"动词/形容词＋什么"完成句子。

Complete the following sentences with 'v. / adj. + shénme'.

「動詞/形容詞＋什么」を使って、文を完成しなさい。

1) Nǐ de hǎo péngyou qǐng nǐ qù tā jiā chī dàzháxiè, nǐ xièxie tā. Tā duì nǐ
   你的　好　朋友　请　你　去　他　家　吃　大闸蟹，你　谢谢　他。他　对　你
   shuō:"
   说："_____。"

2) Diànyǐng bā diǎn cái kāishǐ, kě wǒ pà lùshang dǔchē, liù diǎn jiù zhǔnbèi qù
   电影　八　点　才　开始，可　我　怕　路上　堵车，六　点　就　准备　去

34

Unit 2 How do you celebrate the Mid-Autumn Festival?

diànyǐngyuàn. Māma duì wǒ shuō:"＿＿＿＿＿＿＿＿＿＿＿＿＿＿＿＿＿．"
电影院。   妈妈 对 我 说："＿＿＿＿＿＿＿＿＿＿＿＿＿＿＿＿＿。"

　　　Dōu wǎnshang shíyī diǎn le, Lǐ Qiáng hái méiyou huí jiā. Māma yǒudiǎnr dānxīn,
3） 都　 晚上　 十一 点 了，李 强 还 没有 回家。妈妈 有点儿 担心，

　　bàba ānwèi　　　　　　　　　　māma:"＿＿＿＿＿＿＿＿＿＿＿＿＿＿＿．"
　　爸爸 安慰（to comfort,慰める）妈妈："＿＿＿＿＿＿＿＿＿＿＿＿＿＿＿。"

4 选词填空。

Fill in the blanks with the proper words given.

适当な単語を選んで、文を完成しなさい。

hòulái	yǐhòu
后来	以后

　　Liǎng nián ＿＿＿＿＿ tā zuòle zhège jiǔdiàn de zǒngjīnglǐ.
1） 两　 年　＿＿＿＿＿ 他 做了 这个 酒店 的 总经理。

　　Jiékè wǔ fēnzhōng qián láiguo bàngōngshì, ＿＿＿＿＿ yǒu shì zǒu le.
2） 杰克 五 分钟 前 来过 办公室，＿＿＿＿＿ 有 事 走 了。

　　Wǒ zhīdao tā juédìng liú zài Zhōngguó ＿＿＿＿＿, juéde fēicháng gāoxìng.
3） 我 知道 他 决定 留 在 中国 ＿＿＿＿＿，觉得 非常 高兴。

　　Xīn tóngshì lái gōngsī ＿＿＿＿＿, dàjiā dōu bù xǐhuan tā, ＿＿＿＿＿ tā jiù huàn
4） 新 同事 来 公司 ＿＿＿＿＿，大家 都 不 喜欢 她，＿＿＿＿＿ 她 就 换

gōngzuò le.
工作 了。

tán	zhǔnbèi	kě……le	shǒuyì	guò	hé	gān
谈	准备	可……了	手艺	过	盒	干

　　Wǒ nǚpéngyou zuò cài de ＿＿＿＿＿ tèbié hǎo, shénme cài tā dōu huì zuò. Wǒ
5） 我 女朋友 做 菜 的 ＿＿＿＿＿ 特别 好， 什么 菜 她 都 会 做。我

zuì xǐhuan chī tā zuò de yāzi, ＿＿＿＿＿ hǎochī ＿＿＿＿＿, wèidao bǐ fàndiàn
最 喜欢 吃 她 做 的 鸭子，＿＿＿＿＿ 好吃 ＿＿＿＿＿，味道 比 饭店

li de gèng hǎo. Měi cì wǒ qǐng péngyou lái wǒ jiā chīfàn, nǚpéngyou dōu huì
里 的 更 好。每 次 我 请 朋友 来 我 家 吃饭，女朋友 都 会

＿＿＿＿＿ yì zhuō de hǎo cài.
＿＿＿＿＿ 一 桌 的 好 菜。

第二课　中秋节你怎么过？

35

第二課　中秋節はどうやって過ごしますか

6) 今年春节的时候，我去女朋友家_____除夕，第一次见她的家人，我带了几_____巧克力。她的爸爸妈妈都很喜欢我。那个晚上，我和她爸爸_____了很多，也_____了很多杯。

xiǎoxīn	diǎnxin	dānxīn	nàixīn
小心	点心	担心	耐心

7) 上海有一种很好吃的_____，叫小笼包。吃的时候，你要有_____，因为里面的汤很烫。不过，不用_____，只要你_____一点儿，就没问题。

5 选择与画线部分意思相近的词语。

Choose the word with the most similar meaning to the underlined word.

傍線部の意味と近い単語を選びなさい。

1) 李小姐<u>跟</u>她的老板一样，都是北京人。
　A. 就　　　B. 还　　　C. 和　　　D. 也

2) <u>都</u>十月了，你的工作还没有完成吗？
　A. 到　　　B. 过　　　C. 快　　　D. 已经

3) 明天晚上会下雨，你<u>千万</u>要早点儿回家。
　A. 一定　　B. 特别　　C. 非常　　D. 但是

Unit 2 How do you celebrate the Mid-Autumn Festival?

6 改错。

Correct the following sentences.

間違いを直しなさい。

1) Wǒ bù xǐhuan yìdiǎnr tā.
 我 不 喜欢 一点儿 他。

2) Qùnián Chūnjié, wǒ méi zài Zhōngguó guò nián, yìdiǎnr rènao yě bù, zhēn méiyìsi.
 去年 春节， 我 没 在 中国 过 年，一点儿 热闹 也 不， 真 没意思。

3) Wǒ zài Zhōngguó de gōngzuò chàbuduō hé wǒ zài Fǎguó de gōngzuò.
 我 在 中国 的 工作 差不多 和 我 在 法国 的 工作。

4) Rúguǒ lǎobǎn bú zài, jiù bàngōngshì li hěn rènao.
 如果 老板 不 在， 就 办公室 里 很 热闹。

5) Wǒ cóng bù chīguo Běijīng kǎoyā.
 我 从 不 吃过 北京 烤鸭。

7 根据实际情况回答问题。

Answer the following questions.

実際の状況に基づいて、質問に答えなさい。

1) Nǐ zhīdao nǎxiē Zhōngguó de jiérì? Zài Zhōngguó shénme jiérì zuì zhòngyào? Zhōngguórén guò jié de shíhou yìbān zuò shénme?
 你 知道 哪些 中国 的 节日（festival,祝日）？在 中国 什么 节日 最 重要？ 中国人 过 节 的 时候 一般 做 什么？

2) Zài nǐ de guójiā yǒu xiē shénme jiérì? Shénme jiérì zuì zhòngyào? Nǐmen zěnme guò jié?
 在 你 的 国家 有 些 什么 节日？什么 节日 最 重要？ 你们 怎么 过 节？

3) Nǐ zuì xǐhuan shénme jiérì? Zuì bù xǐhuan shénme jiérì? Wèishénme?
 你 最 喜欢 什么 节日？最 不 喜欢 什么 节日？ 为什么？

8 阅读短文并回答问题。

Read the following passage and answer the questions.

次の短文を読んで、質問に答えなさい。

第二課　中秋節はどうやって過ごしますか

中秋节

中秋节是中国的传统节日，也是每年秋天的一个重要节日。中秋节在阴历①的八月十五，阳历②一般在九月。通常在这一天晚上，月亮③看起来最大也最圆④。中国人认为月圆的时候应该一家人在一起，所以中秋节的时候，中国人总是一家人在一起吃饭，吃了饭以后一边看月亮一边吃月饼⑤。

月饼是过中秋节的时候一定要吃的东西，所以每年的九月，每个商店、面包店和便利店⑥都会卖月饼。

中秋节前要是去朋友家，送什么东西好呢？当然是月饼啦！对公司的客户来说，月饼也是最好的礼物。如果觉得送月饼很麻烦，那就送一张月饼票吧！有的人家里有太多月饼了，所以在中秋节后的一个星期里，只好每天吃月饼。如果不喜欢吃月饼可就惨⑦了！

① 阴历	yīnlì	lunar calendar	太陰暦、旧暦
② 阳历	yánglì	solar calendar; the Gregorian calendar	太陽暦
③ 月亮	yuèliang	moon	月
④ 圆	yuán	round	丸い
⑤ 月饼	yuèbǐng	moon cake	月餅
⑥ 便利店	biànlìdiàn	convenient store	コンビニエンスストア
⑦ 惨	cǎn	miserable	かわいそうな

Unit 2 How do you celebrate the Mid-Autumn Festival?

Nǐ liǎojiě Zhōngguó de yīnlì ma? Zài nǐ de guójiā yǒu yīnlì ma?
1) 你 了解 中国 的 阴历 吗？在 你 的 国家 有 阴历 吗？

Nǐ zài Zhōngguó guòguo Zhōngqiūjié ma? Nǐ shì zěnme guò Zhōngqiūjié de?
2) 你 在 中国 过过 中秋节 吗？你 是 怎么 过 中秋节 的？

Nǐ chīguo yuèbǐng ma? Nǐ xǐhuan chī yuèbǐng ma?
3) 你 吃过 月饼 吗？你 喜欢 吃 月饼 吗？

Rúguǒ biéren sòngle nǐ hěn duō yuèbǐng, kěshì nǐ bù xǐhuan chī, nàme nǐ zěnmebàn ne?
4) 如果 别人 送了 你 很 多 月饼，可是 你 不 喜欢 吃，那么 你 怎么办 呢？

9 看图说话。

Describe the pictures.

絵に基づいて、述べなさい。

1)

2)

第二课 中秋节你怎么过？

10 课堂活动。

Practice in class.

練習。

1）问问学生是否去过中国朋友家做客。请他/她讲一讲做客的经历。

2）把学生分为两组,一组到另一组家里做客。请使用课文中的生词和句型。

	Tīnglì 听力	**Listening** ヒアリング

Tīng lùyīn, wánchéng jùzi.

1 听 录音, 完成 句子。

Zhōngqiūjié de wǎnshang,
1） 中秋节 的 晚上, _____！

2） _____, wǒ jiù bù néng qù Pǔdōng dǎ gāo'ěrfū le.
_____, 我 就 不 能 去 浦东 打 高尔夫 了。

3） _____, wǒ yīnggāi xiàbān le.
_____, 我 应该 下班 了。

Tāngmǔ juéde
4） 汤姆 觉得 _____。

Zài Zhōngguó chīfàn,
5） 在 中国 吃饭, _____。

Tīng duìhuà, xuǎnzé zhèngquè de dá'àn.

2 听 对话, 选择 正确 的 答案。

   912 fángjiān   921 fángjiān
1）A. 912 房间   B. 921 房间

   fàndiàn   shìchǎng
2）A. 饭店   B. 市场

   hǎochī   bù hǎochī
3）A. 好吃   B. 不 好吃

   kěyǐ   bù kěyǐ
4）A. 可以   B. 不 可以

   yī hào xiàn huàn èr hào xiàn   èr hào xiàn huàn yī hào xiàn
5）A. 一 号 线 换 二 号 线   B. 二 号 线 换 一 号 线

Unit 2　How do you celebrate the Mid-Autumn Festival?

Tīng duìhuà, huídá wèntí.
3 听 对话，回答 问题。

1) Shuí gěi shuí dǎ diànhuà?
　 谁 给 谁 打 电话？

2) Diǎnzǐ xiàge xīngqīsān máng bù máng?
　 典子 下个 星期三 忙 不 忙？

3) Shénme shíhou shì Zhōngguó de Chūnjié?
　 什么 时候 是 中国 的 春节？

4) Diǎnzǐ zài Zhōngguó guòguo Chūnjié ma?
　 典子 在 中国 过过 春节 吗？

5) Wáng Huì jiā de dìzhǐ shì nǎli?
　 王 慧家的地址是哪里？

Nǐ xūyào zhīdao de shēnghuó Hànzì
你 需要 知道 的 生活 汉字
The Chinese Characters You Need to Know
知っておくべき生活中の漢字

中国一共有34个省级行政区。各省、自治区和直辖市的车牌号码由该地名简称起首。地名的简称也常用于公路、铁路干线名称。看看下列车牌来自何处。

There are 34 provinces, municipalities and autonomous regions in China. The license number of a vehicle begins with a word, which is a shortened name of the province, the municipality or the autonomous region where the car registered in. The shortened names are also used in names of highways and main railway lines. Check the following license plates. Can you tell where those vehicles are from?

中国には34の省級行政区がある。各省、自治区、直轄市の自動車ナンバープレートはその地方の略称から始まる。地名の略称は道路、鉄道幹線等にもよく用いる。次のナンバープレートはどの地方のものか見よう。

第二课　中秋节你怎么过？

41

第二課　中秋節はどうやって過ごしますか

① 京（Jīng, Beijing, 北京）
② 沪（Hù, Shanghai, 上海）
③ 苏（Sū, Jiangsu, 江蘇）
④ 黑（Hēi, Heilongjiang, 黒龍江）

京　沪　苏　黑

Nǐ xūyào zhīdao de Zhōnghuá chéngyǔ
你 需要 知道 的 中华　成语
The Chinese Idioms You Need to Know
知っておくべき中国成語

kǒushì-xīnfēi
口是心非

Unit 2　How do you celebrate the Mid-Autumn Festival?

"口是心非"指嘴上说得很好,心里想的却不是那样。形容心口不一。

'Kǒushì – xīnfēi' has the meaning of 'say one thing and mean another'. It is used to describe someone's statement is not consistent with what he thinks.

口先ではよいように言っているが、腹の中で思っていることが違う。言うことと考えていることが裏腹である。

kǒu：mouth　　　shì：yes　　　　xīn：heart　　　fēi：no
口：口　　　　　是：肯定を表す　　心：心　　　　非：否定を表す

例：① 这个人 总是 口是心非，我 从不 相信 他。
　　　Zhège rén zǒngshì kǒushì–xīnfēi, wǒ cóng bù xiāngxìn tā.

② A：我 觉得 女孩子 说话 常常 口是心非，想 要 的 她们
　　　Wǒ juéde nǚháizi shuōhuà chángcháng kǒushì–xīnfēi, xiǎng yào de tāmen
　　　说 不要，喜欢 的 她们 说 不 喜欢。
　　　shuō bú yào, xǐhuan de tāmen shuō bù xǐhuan.

B：那 是 因为 你 不 了解 她们。
　　Nà shì yīnwei nǐ bù liǎojiě tāmen.

第二课　中秋节你怎么过？

43

第三课 さっき引き出しに入れました

Unit 3 第三课

Wǒ gāng bǎ tā fàng zài chōuti li le
我 刚 把 它 放 在 抽屉 里 了

I put it in the drawer just now
さっき引き出しに入れました

Kèwén 课文 一

Āyí: Wǒ chàbuduō dǎsǎo wán le.
阿姨：我 差不多 打扫 完 了。
　　　Nín kàn wǒ hái yào shōushi
　　　您 看 我 还 要 收拾
　　　shénme dìfang?
　　　什么 地方？

Jiékè: Āyí, méiyou le, nǐ xīnkǔ
杰克：阿姨，没有 了，你 辛苦
　　　le! Wǒ de míngpiànhé ne?
　　　了！我 的 名片盒 呢？
　　　Gāngcái hái zài zhuōzi shang de.
　　　刚才 还 在 桌子 上 的。

Āyí: Míngpiànhé? Wǒ gāng bǎ tā fàng zài chōuti li le.
阿姨：名片盒？我 刚 把 它 放 在 抽屉 里 了。

Jiékè: Āyí, yǐhòu wǒ fàng zài zhuōzi shang de dōngxi, nǐ jiù bú
杰克：阿姨，以后 我 放 在 桌子 上 的 东西，你 就 不

yòng bāng wǒ shōushi le, fàng zài nàli jiù xíng le.
用 帮 我 收拾 了，放 在 那里 就 行 了。
Yàoburán, wǒ yào yòng de shíhou zhǎo bú dào.
要不然，我 要 用 的 时候 找 不 到。

Āyí: Wǒ zhīdao le. Duì le, wǒ bǎ tànghǎo de chènshān guà zài
阿姨：我 知道 了。对 了，我 把 烫好 的 衬衫 挂 在
yīguì li le.
衣柜 里 了。

Jiékè: Máfan nǐ le. Xià ge xīngqī lǎobǎn yào pài wǒ dào
杰克：麻烦 你 了。下 个 星期 老板 要 派 我 到
Xiānggǎng chūchāi, néng bù néng máfan nǐ zhàogu
香港 出差，能 不 能 麻烦 你 照顾
yíxiàr wǒ de gǒu?
一下儿 我 的 狗？

Āyí: Méi wèntí. Yào zuò shénme, nín gàosu wǒ jiù kěyǐ le.
阿姨：没 问题。要 做 什么，您 告诉 我 就 可以 了。

Jiékè: Měi tiān dài tā liù liǎng cì.
杰克：每 天 带 它 遛 两 次。

Āyí: Zǎoshang yí cì wǎnshang yí cì ma?
阿姨：早上 一 次 晚上 一 次 吗？

Jiékè: Duì, zǎoshang hé wǎnshang dài tā qù gōngyuán liùliu.
杰克：对，早上 和 晚上 带 它 去 公园 遛遛。
Háiyǒu, měi xīngqī gěi tā xǐ yí cì zǎo.
还有，每 星期 给 它 洗 一 次 澡。

Āyí: Tā yìbān chī shénme dōngxi?
阿姨：它 一般 吃 什么 东西？

Jiékè: Gǒuliáng, zhè zhǒng shì tā xǐhuan chī de. Zhèxiē chàbuduō
杰克：狗粮，这 种 是 它 喜欢 吃 的。这些 差不多

第三课 我刚把它放在抽屉里了

45

第三課　さっき引き出しに入れました

够吃两个星期了。

Āyí: Hǎo de. Tā chī zhège jiù gòu le ma? Yào bú yào chī bié de?
阿姨：好的。它吃这个就够了吗？要不要吃别的？

Jiékè: Yībān chī gǒuliáng jiù xíng le. Měi tiān sān cì, měi cì bàn wǎn.
杰克：一般吃狗粮就行了。每天三次，每次半碗。

Āyí: Kàn qilai zhàogu tā hěn róngyì. Nín fàngxīn ba.
阿姨：看起来照顾它很容易。您放心吧。

Jiékè: Āiyā, chàdiǎnr wàng le, wǒ shōudàole liǎng zhāng zhàngdān, kěshì wǒ yìzhí méi shíjiān qù fùqián, nǐ kěyǐ tì wǒ fù yíxiàr ma?
杰克：哎呀，差点儿忘了，我收到了两张账单，可是我一直没时间去付钱，你可以替我付一下儿吗？

Āyí: Wǒ kàn yíxiàr, shì shuǐfèi hé diànhuàfèi, yígòng sìbǎi wǔshí'èr kuài.
阿姨：我看一下儿，是水费和电话费，一共四百五十二块。

Jiékè: Wǒ gěi nǐ qián. Shàng gè yuè de wùyè guǎnlǐ fèi wǒ yě méi fù, wǒ qùle liǎng tàng, kěshì wùyè guǎnlǐ chù dōu méiyou rén, máfan nǐ zài tì wǒ qù yí tàng ba.
杰克：我给你钱。上个月的物业管理费我也没付，我去了两趟，可是物业管理处都没有人，麻烦你再替我去一趟吧。

Āyí: Méishìr, bié kèqi!
阿姨：没事儿，别客气！

46

Unit 3　I put it in the drawer just now

Shēngcí 生词 — Vocabulary 单語

1.	把	bǎ	*a preposition, causes inversion with the object pla*	「把」により動詞の前に出された名詞に、なんらかの処置を加える。名詞は動詞の目的語
2.	抽屉	chōuti	*drawer*	引き出し
3.	打扫	dǎsǎo	*to clean (a place)*	掃除する
4.	名片	míngpiàn	*business card*	名刺
5.	刚才	gāngcái	*just now; a moment ago*	先ほど、さっき
6.	桌子	zhuōzi	*table*	机
7.	要不然	yàoburán	*otherwise*	もしそうでなければ
8.	衬衫	chènshān	*shirt*	シャツ
9.	挂	guà	*to hang*	かける
10.	衣柜	yīguì	*wardrobe*	箪笥
11.	照顾	zhàogu	*to take care*	面倒を見る
12.	狗	gǒu	*dog*	犬
13.	遛	liù	*to walk(a dog, a horse, etc.)*	(犬などを引いて)ゆっくり散歩する、運動させる。
14.	洗澡	xǐzǎo	*to take a shower; to take a bath*	お風呂に入る
15.	粮	liáng	*food*	えさ
16.	差点儿	chàdiǎnr	*nearly; almost*	もう少しで
17.	收	shōu	*to receive*	受け取る
18.	张	zhāng	*a measure word for paper, bills, cards, etc*	枚
19.	账单	zhàngdān	*bill*	請求書
20.	替	tì	*for; on behalf of*	～の替わりに
21.	趟	tàng	*a measure word for the times of moving from one place to another*	往復する動作の回数を表す

第三课　我刚把它放在抽屉里了

47

第三課　さっき引き出しに入れました

Zhuānyǒu Míngcí / Proper Nouns
专有 名词 / 固有名詞

| 香港 | Xiānggǎng | **Hong Kong** | 香港 |

Kèwén 课文 二

(Diǎnzǐ gěi āyí de liúyán yī)
（典子 给 阿姨 的 留言 一）

Āyí:
阿姨：

　　Nǐ hǎo! Wǒmen quán jiā yào huí Rìběn liǎng gè xīngqī, suǒyǐ
　　你好！我们 全家 要 回 日本 两 个 星期，所以
nǐ yí gè xīngqī zhǐyào lái liǎng cì. Měi cì lái de shíhou, cā yì
你 一 个 星期 只要 来 两 次。每 次 来 的 时候，擦 一
cā zhuōzi, gěi huā jiāo yìdiǎnr shuǐ, kāi chuāng tōngtōng fēng jiù
擦 桌子，给 花 浇 一点儿 水，开 窗 通通 风 就

第三课 我刚把它放在抽屉里了

可以了。不过你走的时候，请检查一下儿，别
忘了关好门窗。如果有朋友打电话
找我们，请告诉他们我们这个月底就会
回来。我已经把你这个月的工资放在信封里
了，请你看看对不对。最后，如果有水费和
电费账单的话，麻烦你替我们付一下儿，我
留了五百块钱在抽屉里。

事情太多了，真是麻烦你了！谢谢！

典子

（典子给阿姨的留言二）

阿姨：

你好！非常感谢你上两个星期替我们
打扫房间，也很感谢你替我们付了水电费。
我们家打扫得很干净，辛苦你了！我给你买了

第三課　さっき引き出しに入れました

yì hé Rìběn de diǎnxin, bǎ tā fàng zài bīngxiāng li le, qǐng nǐ
一盒日本的点心，把它放在冰箱里了，请你
hé nǐ de jiārén chángchang. Zài cì gǎnxiè!
和你的家人尝尝。再次感谢！

Diǎnzǐ
典子

Shēngcí 生词 / Vocabulary 単語

1.	留言	liúyán	message; to leave a message	伝言；メッセージ
2.	全	quán	whole	全部、すべて
3.	窗	chuāng	window	窓
4.	通风	tōng fēng	to ventilate	換気する
5.	检查	jiǎnchá	to check	点検する
6.	月底	yuè dǐ	end of a month	月末
7.	工资	gōngzī	wages; salary; pay	給料
8.	感谢	gǎnxiè	to thank	感謝する
9.	冰箱	bīngxiāng	refrigerator	冷蔵庫

Zhùshì 注释 / Notes 解釈

Nín kàn wǒ hái yào shōushi shénme dìfang?
❶ 您看我还要收拾什么地方？

　　句中的"看"表示"觉得"，用于表达观点。

　　'Kàn' here means 'juéde', used to express one's opinion.

　　「看」はあなたが～と思うという意味を表す。ある観点を表すときに使う文型である。

Wǒ kàn nǐ chuān báisè de yīfu bǐ chuān hóngsè de gèng piàoliang.
例：1）我看你穿白色的衣服比穿红色的更漂亮。
Nǐ kàn zhè běn shū yǒu yìsi ma?
　　2）你看这本书有意思吗？

Zhège fàndiàn zhème guì, wǒ kàn wǒmen qù bié de dìfang chī ba.
3) 这个 饭店 这么 贵,我 看 我们 去 别 的 地方 吃 吧。

Gāngcái hái zài zhuōzi shang de.
2 刚才 还 在 桌子 上 的。

"刚才"表示动作发生在不久之前,是表示时间的名词,一般放在句子之前,也可以放在主语之后。"刚"也表示动作发生在不久之前,是副词,一般放在动词或形容词之前。

'Gāngcái' indicates that the action happened a moment ago. As a time word, it is usually used either at the beginning of a sentence or after the subject. 'Gāng' also indicates that the action just happened a moment ago, but it is an adverb, and is usually used before a verb or an adjective.

「刚才」は動作が近い過去に発生した意味を表す。時間を表す名詞で、文の一番最初、もしくは主語の後ろに用いる。「刚」も動作がが近い過去に発生した意味で、副詞である。動詞もしくは形容詞の前に使う。

Gāngcái tā láiguo.
例:1) 刚才 他 来过。

Wǒ gāngcái chīle yì wǎn jiǎozi.
2) 我 刚才 吃了 一 碗 饺子。

Gāngcái háizi kū le.
3) 刚才 孩子 哭 了。

Wǒ gāng dào jiā.
4) 我 刚 到 家。

Tā gāng zǒu, nǐ yǒu shénme shì?
5) 他 刚 走,你 有 什么 事?

Tā de gǎnmào gāng hǎo jiù qù chūchāi le.
6) 他 的 感冒 刚 好 就 去 出差 了。

Wǒ gāng bǎ tā fàng zài chōuti li le.
3 我 刚 把 它 放 在 抽屉 里 了。

在汉语里,如果要表达通过动作使某个确定的人或物发生位置移动、关系转移和形态变化的意思时必须用"把"字句。这里"把+名词+动词+介词短语"表示对事物进行处置而改变事物的位置。

In Chinese, if we want to express the changes of something in position, relation or state through an action, we must use a 'ba' sentence. Here 'ba + n. + v. + preposation phrase' indicates the position of something to be changed as the result of an action.

中国語では、ある人或いは物の位置を移動させたり、関係を変化させたり、形態を変化させたりするときは「把」の文型を使う。ここの「把＋名詞＋動詞＋介詞連語」は物に処置を加えて、物の位置を変えるという意味を表す。

例：
1) Wǒ bǎ shǒujī fàng zài chē li le.
   我 把 手机 放 在 车 里 了。

2) Tā bǎ shū hé bǐ fàng zài bāo li le.
   他 把 书 和 笔 放 在 包 里 了。

3) Tiānqì tài rè le, wǒ bǎ niúnǎi fàng zài bīngxiāng li le.
   天气 太 热 了，我 把 牛奶 放 在 冰箱 里 了。

❹ Wǒ yào yòng de shíhou zhǎo bú dào.
   我 要 用 的 时候 找 不 到。

"找不到"是指找而没有结果。"动词＋不到"一般表示动作达不到目的或没有结果；"动词＋到"一般表示动作达到目的或有结果。

'Zhǎo bú dào' means 'to look for something but can not find it'. The structure 'v. + bú dào' expresses that the action being tried does not possibly succeed or achieve the result. The structure 'v. + dào' expresses that the action being tried succeeds or achieves the result.

「找不到」は捜したが、見つからないと言う意味を表す。「動詞＋不到」は動作がある目的に達成することはできず、もしくは結果がないという意味を表す。「動詞＋到」は動作がある目的に達成した、もしくは結果があるという意味を表す。

例：
1) Nǐ zhǎodào Zhāng xiānsheng le ma?
   你 找到 张 先生 了 吗？

2) Wǒ tīngshuō bú dào Běijīng jiù chī bú dào zhèngzōng de kǎoyā.
   我 听说 不 到 北京 就 吃 不 到 正宗 的 烤鸭。

3) Wǒ shōudàole tā de xìn.
   我 收到了 他 的 信。

4) Zài Shànghǎi wǒ mǎi bú dào zhè běn shū.
   在 上海 我 买 不 到 这 本 书。

Wǒmen dìng bú dào míngtiān de jīpiào, zěnmebàn?
5) 我们 订 不 到 明天 的 机票，怎么办？

Zhèxiē chàbuduō gòu chī liǎng gè xīngqī le.
5 这些 差不多 够 吃 两 个 星期 了。

程度副词"够"表示充分、足够，其结构形式一般为"够+动词"。

The adverb 'gòu' means 'enough', indicating the degree. The structure is 'gòu + v.'.

程度副詞「够」は十分、たっぷりという意味を表す。「够+動詞」という構造で使う。

Zhèxiē shū gòu kàn jǐ tiān le.
例：1) 这些 书 够 看 几 天 了。

Nǐ dài de qián gòu yòng ma?
2) 你 带 的 钱 够 用 吗？

Zhè jǐ píng píjiǔ bú gòu hē.
3) 这 几 瓶 啤酒 不 够 喝。

Āiyā, chàdiǎnr wàng le.
6 哎呀，差点儿 忘 了。

"差点儿忘了"是几乎忘了而没有忘记的意思。这里"差点儿"表示不希望的事情几乎实现而没有实现，有庆幸的意思。

'Chàdiǎnr wàng le' means 'nearly forget but actually not'. Here 'chàdiǎnr' indicates that the thing, which is not expected, nearly has happened but has not happened, which is fortunate.

「差点儿忘了」はもう少しで忘れるところという意味。「差点儿」は望ましくないことがもう少しで実現するところだったが、まだ実現していない状態を表す。「幸いなことに」と言う意味がある。

"Gāng" hé "gāngcái" de yìsi bù yíyàng, wǒ chàdiǎnr shuōcuò le.
例：1) "刚" 和 "刚才" 的 意思 不 一样，我 差点儿 说错 了。

Jīntiān Huáihǎi Lù dǔ de lìhai, wǒ chàdiǎnr chídào le.
2) 今天 淮海 路 堵 得 厉害，我 差点儿 迟到 了。

Wǒ chàdiǎnr wàngle míngtiān shì tàitai de shēngri, wàngle kě jiù cǎn le.
3) 我 差点儿 忘了 明天 是 太太 的 生日，忘了 可 就 惨 了。

第三课 我刚把它放在抽屉里了

53

第三課　さっき引き出しに入れました

Liànxí
练习

Exercises
練習

1 根据图片完成句子。

Complete the following sentences according to the pictures.

図に基づいて、文を完成しなさい。

例：

Āyí bǎ míngpiànhé fàng zài chōuti li.
阿姨 把 名片盒 放 在 抽屉 里。

1)

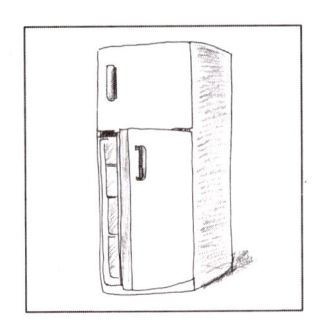

2)

Unit 3　I put it in the drawer just now

3)

4)

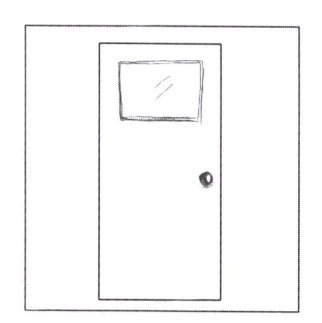

5)

第三课　我刚把它放在抽屉里了

2 连词成句。

Organize the following sentences.

次の単語を使って、文を完成しなさい。

　　　　yì tiān　yí cì　sān cì　chī　liǎng piàn　gǎnmàoyào　chī
1)　一 天　一 次　三 次　吃　两 片　　感冒药　　吃

55

第三課　さっき引き出しに入れました

```
       jiù  xíng le  jiāo shuǐ  měi gè xīngqī  yí cì  huā
2) 就   行  了  浇  水   每 个  星 期   一 次  花
```
_____

```
       huí  yì nián  Rìběn  Mùcūn  sì cì  yào
3) 回   一  年   日本   木村   四 次  要
```
_____

```
       yí gè  Xiānggǎng  lǎobǎn  xīngqī  Jiékè  pài  qù
4) 一个   香 港     老板    星 期    杰克   派   去
```
_____

```
       xià gè  Hángzhōu  dǎsuan  xīngqī  tāmen  wán  qù
5) 下个   杭 州     打算    星 期    他们   玩   去
```
_____

3 用所给的词完成句子。

Complete the following sentences with the words given.

括弧の中の単語を使って、文を完成しなさい。

Nǐ xiǎng chī shénme, _____. (…… jiù
1) 你 想 吃 什么，_____。(…… 就
   xíng le)
   行 了)

Qíshí xué Hànyǔ yìdiǎnr dōu bù nán, _____.
2) 其实 学 汉语 一点儿 都 不 难，_____。
   (…… jiù xíng le)
   (…… 就 行 了)

Wǒ mǎile yí fèn lǐwù gěi Lǐ Qiáng, kěshì yìzhí méi shíjiān gěi tā,
3) 我 买了 一 份 礼物 给 李 强，可是 一直 没 时间 给 他，
   _____. (tì)
   _____。(替)

Shàng gè xīngqī wǒ bú zài jiā, fēicháng gǎnxiè _____. (tì)
4) 上 个 星期 我 不 在 家，非常 感谢 _____。(替)

Jiǔ diǎn shàngbān, wǒ bā diǎn bàn cái chūmén, _____.
5) 九 点 上班，我 八 点 半 才 出门，_____。
   (chàdiǎnr)
   (差点儿)

Unit 3　I put it in the drawer just now

6) 我 没有 时间 和 女朋友 约会，结果 _____。
   （chàdiǎnr）
   （差点儿）

7) 在 中国，你 一定 要 学好 汉语，_____。
   （yàoburán）
   （要不然）

8) 爸爸，下 个 星期三 是 妈妈 的 生日，千万 别 忘 了，
   _____。（yàoburán）
   _____。（要不然）

9) 来了 这么 多 人，这么 点儿 菜 _____？（gòu）
                                                    （够）

10) 她 一个 星期 要 去 买 三 次 衣服，她 的 工资 _____？
    （gòu）
    （够）

4 用"麻烦你 + 动词"造句，请求别人的帮助。

Make sentences with 'máfan nǐ + v.' to ask for others' help.

「麻烦你＋動詞」を使って、助けを求める文を作りなさい。

> 例：我 出差 的 时候，麻烦 你 照顾 一下儿 我 的 狗。

1) _____

2) _____

3) _____

4) _____

第三课　我刚把它放在抽屉里了

第三課　さっき引き出しに入れました

5 用"V．+不到"完成对话。

Complete the following conversations with 'v. + bú dào'.

「動詞+不到」を使って、会話を完成しなさい。

1）A：Tīngshuō zuìjìn qù Běijīng de fēijīpiào hěn nán mǎi, nǐ mǎi de dào ma?
　　听说 最近 去 北京 的 飞机票 很 难 买，你 买 得 到 吗？

　　B：_____。

2）A：Nǐ tīng de dào wǒ shuōhuà ma?
　　你 听 得 到 我 说话 吗？

　　B：Tài chǎo le,_____。
　　太 吵 了，_____。

3）A：Zhège yuè de zhàngdān zài nǎli?
　　这个 月 的 账单 在 哪里？

　　B：Wǒ wàngle fàng zài nǎli le,_____。
　　我 忘了 放 在 哪里 了，_____。

4）A：Jiékè kàn qilai hěn zháojí. Tā zěnme le?
　　杰克 看 起来 很 着急。他 怎么 了？

　　B：Tā zài zhǎo tā jiā de gǒu. Tā de gǒu _____。
　　他 在 找 他 家 的 狗。他 的 狗 _____。

6 选词填空。

Fill in the blanks with the proper words given.

適当な単語を選んで、文を完成しなさい。

nòng	wàng	dài	shuì	yǐwéi	dǎ
弄	忘	带	睡	以为	打

1）Jiékè yǒu yì zhī xiǎo gǒu, tèbié kě'ài. Měi tiān zǎoshang, Jiékè dōu huì _____ tā qù liùliu. Yǒu yí cì, Jiékè qù shàngbān, _____ le guān fángjiān de mén, zhè zhī gǒu jiù jìnle Jiékè de fángjiān, _____ zài tā de chuáng shang, hái _____
　　杰克 有 一只 小 狗，特别 可爱。每 天 早上，杰克 都 会 _____ 它 去 遛遛。有 一次，杰克 去 上班，_____ 了 关 房间 的 门，这 只 狗 就 进了 杰克 的 房间，_____ 在 他 的 床 上，还 _____

luànle tā de shūzhuō. Xiàbān yǐhòu, Jiékè huílai kàndào zìjǐ de fángjiān
乱了 他 的 书桌。 下班 以后，杰克 回来 看到 自己 的 房间

luànqībāzāo, hái _____ shì xiǎotōu _____ láiguo le, chàdiǎnr jiù _____
乱七八糟，还 _____ 是 小偷（thief,泥棒）来过 了，差点儿 就 _____

110 le.
110 了。

---
gāng   gāngcái
刚　　刚才

_____ wǒ qù liù gǒu le, _____ huílai.
2) _____ 我 去 遛 狗 了，_____ 回来。

Wǒ jīntiān zǎoshang _____ shōudào nǐ de yóujiàn.
3) 我 今天 早上 _____ 收到 你 的 邮件。

Nǐ qù nǎli le? _____ zǒnggōngsī dǎ diànhuà zhǎo nǐ.
4) 你 去 哪里 了？_____ 总公司 打 电话 找 你。

Tā de Zhōngwén hěn hǎo. Wǒ yǐwéi tā lái Zhōngguó yì nián le. Qíshí tā shàng
5) 他 的 中文 很 好。我 以为 他 来 中国 一 年 了。其实 他 上

gè yuè _____ lái.
个 月 _____ 来。

---
chàdiǎnr   chàbuduō
差点儿　　差不多

Dào zhège yuè, Jiékè _____ xuéle liù gè yuè Hànyǔ le.
6) 到 这个 月，杰克 _____ 学了 六 个 月 汉语 了。

Nǐ de jiā tài nán zhǎo le, wǒ _____ mílù le.
7) 你 的 家 太 难 找 了，我 _____ 迷路 了。

Wǒ _____ zhǔnbèi hǎo le, kěyǐ kāishǐle ma?
8) 我 _____ 准备 好 了，可以 开始 了 吗？

Wǒ _____ wàngle fù zhège yuè de zhàngdān. Míngtiān shì zuìhòu yì
9) 我 _____ 忘了 付 这个 月 的 账单。 明天 是 最后 一

tiān le.
天 了。

7 词汇扩展。

Fill in the blanks with the appropriate words, and make sentences with the verb phrases.

例に従って、文を完成しなさい。

> xǐzǎo
> 例：洗澡
>
> xǐ liǎng cì zǎo
> 洗 <u>两</u> 次 澡
> Xiǎo gǒu yí gè yuè xǐ liǎng cì zǎo.
> <u>小 狗 一 个 月 洗 两 次 澡。</u>

  chīfàn
1) 吃饭

  chī _____ fàn
  吃 _____ 饭

_____

  shàngkè
2) 上课

  shàng _____ kè
   上 _____ 课

_____

  shuìjiào
3) 睡觉

  shuì _____ jiào
   睡 _____ 觉

_____

8 改错。

Correct the following sentences.

間違いを直しなさい。

  Yàoshi shuǐguǎn zài chū wèntí, jiù xíng le dǎ diànhuà gěi wùyè guǎnlǐ chù, tāmen
1) 要是 水管 再 出 问题，就 行 了 打 电话 给 物业 管理 处，他们
  huì pài rén lái xiū.
  会 派 人 来 修。

2）这个星期我打了网球四次了，累死了。

3）你又挂我的衬衫在我丈夫的柜子里了。

4）他两个月以前刚才换了工作，现在又想跳槽了。

5）今天晚上我们要出去吃饭，能不能麻烦你照顾一下儿孩子替我们？

9 根据实际情况回答问题。

Answer the following questions.

実際の状況に基づいて、質問に答えなさい。

1）你家里有阿姨吗？你家的阿姨是哪里人？你觉得她的工作怎么样？

2）你喜欢宠物吗？你为什么喜欢（或者不喜欢）宠物？你怎么照顾你的宠物？

3）你知道在哪里可以付水费、电费、煤气费和电话费吗？

10 阅读短文并回答问题。

Read the following passage and answer the questions.

次の短文を読んで、質問に答えなさい。

在上海找保姆

保姆，上海人也叫"阿姨"，一般有两种，一种叫"住家保姆"，一种叫"钟点工"。"住家保姆"的意思就是住

第三課　さっき引き出しに入れました

　　　zài gùzhǔ① jiāli de bǎomǔ, àn② yuè ná gōngzī. "Zhōngdiǎngōng" ne, jiù shì měi
　　　在 雇主 家里 的 保姆，按 月 拿 工资。"钟点工" 呢，就是 每
tiān huòzhě yì xīngqī jǐ cì qù gùzhǔ jiāli gōngzuò, àn gōngzuò de xiǎoshí shù③ ná
天 或者 一 星期 几 次 去 雇主 家里 工作，按 工作 的 小时 数 拿
gōngzī.
工资。

　　　Zài wàiguórén jiāli gōngzuò de bǎomǔ bǐ zài zhōngguórén jiāli de gōngzī gāo
　　　在 外国人 家里 工作 的 保姆 比 在 中国人 家里 的 工资 高
yìdiǎnr, yīnwei yìbān xūyào huì shuō jiǎndān de yīngyǔ. "Zhōngdiǎngōng" dàgài měi
一点儿，因为 一般 需要 会 说 简单 的 英语。"钟点工" 大概 每
xiǎoshí shíwǔ yuán, "zhùjiā bǎomǔ" měi yuè chàbuduō liǎngqiān liǎngbǎi yuán
小时 十五 元，"住家 保姆" 每 月 差不多 两千 两百 元
zuǒyòu.
左右。

　　　Zài Shànghǎi zhǎo yí gè hǎo bǎomǔ kě bú shì yí jiàn róngyì de shì. Yīnwei
　　　在 上海 找 一 个 好 保姆 可 不 是 一 件 容易 的 事。因为
dàduōshù bǎomǔ shì cóng nóngcūn④ lái de, yǒude rén bù zhīdao zěnme yòng
大多数 保姆 是 从 农村 来 的，有的 人 不 知道 怎么 用
xǐyījī、 xǐwǎnjī⑤、kǎoxiāng⑥ děng. Hěnduō rén bú huì zhàogu chǒngwù, bù zhīdao
洗衣机、洗碗机、烤箱 等。很多 人 不会 照顾 宠物，不 知道
wèishénme měi tiān yào qù liù gǒu. Duì měi gè xūyào bǎomǔ de rén lái shuō, rúguǒ
为什么 每 天 要 去 遛狗。对 每个 需要 保姆 的 人 来 说，如果
zhǎodàole yí gè hǎo bǎomǔ, shēnghuó jiù fāngbiàn duō le.
找到了 一 个 好 保姆， 生活 就 方便 多 了。

① 雇主	gùzhǔ	employer	雇い主
② 按	àn	according to	〜に基づいて、〜に応じて
③ 数	shù	number	数字
④ 农村	nóngcūn	countryside	田舎
⑤ 洗碗机	xǐwǎnjī	dishwasher	皿洗い機
⑥ 烤箱	kǎoxiāng	oven	オーブン

　　　Nǐ juéde jiāli yǒu bǎomǔ yǒu shénme hǎo de dìfang hé bù hǎo de dìfang?
1）你 觉得 家里 有 保姆 有 什么 好 的 地方 和 不 好 的 地方？
　　　Zài nǐ de guójiā hěnduō rén jiāli yǒu bǎomǔ ma?
2）在 你 的 国家 很多 人 家里 有 保姆 吗？

Unit 3 I put it in the drawer just now

Rúguǒ bǎomǔ tīng bù dǒng nǐ shuō de huà, nǐ zěnmebàn ne?
3) 如果 保姆 听 不 懂 你 说 的 话，你 怎么办 呢？

Zài Shànghǎi, nǐ kěyǐ jiào bǎomǔ "āyí", kěshì "āyí" hái yǒu bié de yìsi, nǐ
4) 在 上海，你 可以 叫 保姆 "阿姨"，可是 "阿姨" 还 有 别 的 意思，你
zhīdao ma?
知道 吗？

11 看图说话。

Describe the pictures.

絵に基づいて、述べなさい。

1)   2)

12 课堂活动。

Practice in class.

練習。

1) 写一张留言条，告诉你的阿姨今天应该做些什么。

2) 面试一个阿姨。

Tīnglì
听力

Listening
ヒアリング

Tīng lùyīn, wánchéng jùzi.
1 听 录音， 完成 句子。

1) _____, zěnmebàn?
   _____, 怎么办？

2) _____? Lǐ Qiáng zhǎo nǐ.
   _____? 李 强 找 你。

第三课 我刚把它放在抽屉里了

63

第三課　さっき引き出しに入れました

3) _____ jiù xíng le.
　　_____ 就 行 了。

　　Wǒ yí gè xīngqī _____.
4) 我 一 个 星 期 _____。

　　_____, jīntiān wǒ hěn máng.
5) _____, 今 天 我 很 忙。

Tīng duìhuà, xuǎnzé zhèngquè de dá'àn.
2 听 对 话, 选 择 正 确 的 答 案。

　　　　hěn hǎo　　　　　　　hái kěyǐ
1) A. 很 好　　　　　　B. 还 可 以

　　　　17 dù　　　　　　　　33 dù
2) A. 17 度　　　　　　B. 33 度

　　　　bù hǎo　　　　　　　hái kěyǐ
3) A. 不 好　　　　　　B. 还 可 以

　　　　xǐhuan　　　　　　　bù xǐhuan
4) A. 喜 欢　　　　　　B. 不 喜 欢

　　　　niúnǎi　　　　　　　miànbāo
5) A. 牛 奶　　　　　　B. 面 包

Tīng duìhuà, huídá wèntí.
3 听 对 话, 回 答 问 题。

　　Āyí xiān zuò shénme?
1) 阿 姨 先 做 什 么？

　　Āyí qù chāoshì mǎi shénme?
2) 阿 姨 去 超 市 买 什 么？

　　Xiānsheng shuō mǎi shénme shuǐguǒ?
3) 先 生 说 买 什 么 水 果？

　　Āyí dàgài shénme shíhou qù mǎi shuǐguǒ?
4) 阿 姨 大 概 什 么 时 候 去 买 水 果？

　　Shuí qù jiāo shuǐ-diànfèi?
5) 谁 去 交 水 电 费？

64

Nǐ xūyào zhīdao de shēnghuó Hànzì
你需要 知道 的 生活 汉字
The Chinese Characters You Need to Know
知っておくべき生活中の漢字

  几乎在世界上的每个地方都能够看到中国饮食文化的影响。在中国由于自然条件、生活习惯和经济文化发展状况的不同,在饮食烹调和菜肴品种方面形成了不同的地方风味,比如有川菜、粤菜等。但总的来说中国菜都离不开以下这几种基本的调料。

  Chinese culinary culture can be found everywhere in the world. Due to various natural conditions, living styles, and levels of economic and cultural development in China, the way of cooking and the flavor of dishes are varied. For example, Sichuan cuisine and Cantonese cuisine are two famous styles. But the main seasonings used in Chinese food are as simple as the following.

  中国人がいるか否かに関わらず、世界中で中国の食文化の影響が見られる。中国は自然条件、生活習慣、経済文化などの違いで、調理法と料理の種類等もいろいろあり、地方独特の味を形成している。例えば、四川料理、広東料理など。だが、総じて言えば、中華料理は以下の調味料を欠かしてはいけない。

① 油(yóu, oil, 油)

② 盐(yán, salt, 塩)

③ 酱油(jiàngyóu, soy sauce, 醤油)

④ 醋(cù, vinegar, 酢)

油	盐	酱	醋

第三课　我刚把它放在抽屉里了

第三课　さっき引き出しに入れました

Nǐ xūyào zhīdao de Zhōnghuá chéngyǔ
你 需要 知道 的　中华　　成语
The Chinese Idioms You Need to Know
知っておくべき中国成語

---

hǎohǎo-xiānsheng
好好 先生

"好好先生"指与人无争,不问是非曲直、只求相安无事的人。

'Hǎohǎo-xiānsheng' is used to describe one who tries not to offend anybody.

お人よし、事の当否を問わず、ただ人と争わないように努める人を指す。

hǎo：good　　　　xiānsheng：Mr.；sir
好：よい　　　　　先生：~氏、~さん、(男性)に対する敬称

例：
① Tā shì wǒmen gōngsī li de hǎohǎo-xiānsheng, tā hé měi gè rén de guānxi dōu búcuò.
　 他 是 我们　公司 里 的 好好　 先生，他 和 每 个 人 的 关系　都 不错。

② Zài gōngsī de zhòngyào wèntí shang, tā kě cónglái bù dāng hǎohǎo-xiānsheng, zǒngshì gàosu biérén tā shì zěnme xiǎng de.
　 在 公司 的　重要　问题　上，他 可 从来 不 当　好好　先生，总是　告诉 别人 他 是 怎么　想　的。

我的汉语教室 中级(二)

Dì-sì Kè
第四课
Unit 4
第四課

Duìbuqǐ, wǒ chídào le
对不起，我 迟到 了
Sorry, I'm late
すみません、遅れてしまいました

Kèwén
课文

Tóngshì： Wáng Huì, zuìjìn nǐ zěnme lǎoshi chídào?
同事： 王 慧，最近 你 怎么 老是 迟到？

Wáng Huì： Āi, bié tí le, zuìjìn tiānqì bù hǎo, shàngbān de shíhou
王 慧： 唉，别 提 了，最近 天气 不 好， 上班 的 时候
lǎoshi jiào bú dào chē. Jiù ná jīntiān lái shuō ba, wǒ
老是 叫 不 到 车。就 拿 今天 来 说 吧，我
hěn zǎo jiù chūlai le, kěshì děngle sìshí fēnzhōng cái
很 早 就 出来 了，可是 等 了 四十 分钟 才

第四課　すみません、遅れてしまいました

　　　　　　jiàodào chūzūchē, lùshang yòu dǔ de lìhai.
　　　　　　叫到　出租车，路上　又　堵　得　厉害。
Tóngshì:　　Tiānqì bù hǎo de shíhou qiānwàn bié děng chūzūchē!
同事：　　　天气　不　好　的　时候　千万　别　等　出租车！
　　　　　　Búguò, suīrán tiānqì bù hǎo, nǐ yě bù yīnggāi chídào
　　　　　　不过，虽然　天气　不　好，你　也　不　应该　迟到
　　　　　　a! Mùcūn xiānsheng zài zhǎo nǐ ne, nǐ kuài qù ba!
　　　　　　啊！木村　先生　在　找　你　呢，你　快　去　吧！
(zài Mùcūn xiānsheng de bàngōngshì)
（ 在　木村　先生　的　办公室 ）
Wáng Huì:　Duìbuqǐ, Mùcūn xiānsheng, jīntiān wǒ chídào le.
王　慧：　　对不起，木村　先生，今天　我　迟到　了。
Mùcūn:　　Xià cì zhùyì yíxiàr ba! Jīntiān wǒ de rìchéng shì
木村：　　下　次　注意　一下儿　吧！今天　我　的　日程　是
　　　　　zěnme ānpái de?
　　　　　怎么　安排　的？
Wáng Huì:　Nín jīntiān de rìchéng ānpái de hěn jǐn. Shí diǎn yào hé
王　慧：　　您　今天　的　日程　安排　得　很　紧。十　点　要　和
　　　　　gè bùmén de jīnglǐ yìqǐ kāihuì, shí'èr diǎn bàn yào
　　　　　各　部门　的　经理　一起　开会，十二　点　半　要
　　　　　hé Běijīng fēngōngsī de zǒngjīnglǐ chīfàn, xiàwǔ sān
　　　　　和　北京　分公司　的　总经理　吃饭，下午　三
　　　　　diǎn hái yào hé Dōngfāng Gōngsī de dàibiǎo jiànmiàn.
　　　　　点　还要　和　东方　公司　的　代表　见面。
Mùcūn:　　Shénme dàibiǎo? Wǒ zěnme bú jìde le?
木村：　　什么　代表？我　怎么　不　记得　了？
Wáng Huì:　Zhè shì shàng gè xīngqī yuē de, zhè wèi dàibiǎo xiǎng
王　慧：　　这　是　上　个　星期　约　的，这　位　代表　想

hé nín tántan hézuò de shì.
和 您 谈谈 合作 的 事。

Mùcūn：Ò, wǒ xiǎng qilai le. Kěshì wǒ jīntiān hái yào
木村： 哦，我 想 起来 了。可是 我 今天 还 要
wánchéng yí fèn bàogào, míngtiān fā gěi zǒngbù. Nǐ
完成 一 份 报告，明天 发 给 总部。你
néng bù néng dǎ gè diànhuà ràng tāmen gǎi gè
能 不 能 打 个 电话 让 他们 改 个
shíjiān?
时间？

Wáng Huì：Hǎo. Nín xiǎng gǎidào shénme shíhou ne?
王 慧： 好。您 想 改到 什么 时候 呢？

Mùcūn：Wǒ zhège xīngqī dōu hěn máng, gǎidào xià gè
木村： 我 这个 星期 都 很 忙，改到 下 个
xīngqī'èr.
星期二。

Wáng Huì：Hǎo de. Háiyǒu, nín zhège xīngqīwǔ yào qù Dàlián
王 慧： 好 的。还有，您 这个 星期五 要 去 大连
chūchāi.
出差。

Mùcūn：Wǒ zhīdao. Jīpiào dìnghǎole ma?
木村： 我 知道。机票 订好 了 吗？

Wáng Huì：Dìnghǎo le. Xīngqīwǔ jiǔ diǎn de fēijī qù, xià xīngqīyī
王 慧： 订好 了。星期五 九 点 的 飞机 去，下 星期一
wǔ diǎn yí kè de fēijī huílai, dōu shì shāngwùcāng.
五 点 一 刻 的 飞机 回来，都 是 商务舱。

Mùcūn：Xūyào de zīliào nǐ dōu zhǔnbèi hǎo le ma?
木村： 需要 的 资料 你 都 准备 好 了 吗？

第四課　すみません、遅れてしまいました

Wáng Huì：Chàbuduō le.
王　慧：差不多 了。

Mùcūn：Nàxiē zīliào hěn zhòngyào, nǐ jīntiān yídìng yào zhǔnbèi
木村：那些 资料 很　重要，你 今天 一定 要　准备
　　　hǎo, kěyǐ ma?
　　　好，可以 吗？

Wáng Huì：Méi wèntí, nín fàngxīn.
王　慧：没 问题，您 放心。

Mùcūn：Hǎo, xīnkǔ nǐ le.
木村：好，辛苦 你 了。

Shēngcí 生词 | Vocabulary 単語

1.	迟到	chídào	to arrive late	遅れる
2.	老是	lǎoshi	always; all the time	いつも
3.	提	tí	to mention; to raise; to put forward	話題にする、話す、触れる；文中は意見を出す、注意するという意味
4.	虽然	suīrán	although; though	～ではあるけれども
5.	注意	zhùyì	to pay attention to; to notice	注意する、気をつける
6.	安排	ānpái	to arrange	都合をつける、手配する
7.	紧	jǐn	tight; pressing	きつい
8.	各	gè	each; every	各
9.	代表	dàibiǎo	representative; to represent	代表
10.	记得	jìde	to remember; to recall	覚えている
11.	约	yuē	to make an appointment	約束する、アポイントを取る
12.	合作	hézuò	to cooperate; to collaborate	協力、協力する
13.	想起来	xiǎng qilai	to remember; to recollect	思い出す
14.	完成	wánchéng	to finish; to fulfil	完成する

15. 报告	bàogào	report; to report	レポート
16. 总部	zǒngbù	headquarters	本部
17. 到	dào	to	〜に、〜へ
18. 商务舱	shāngwùcāng	business class	ビジネスクラス
19. 资料	zīliào	data; material	資料

Kèwén 课文

二

第四课　对不起，我迟到了

Zài Zhōngguó gōngzuò gēn zài Měiguó bù yíyàng. Dì-yī, zài
在　中国　工作　跟　在　美国　不　一样。第一，在
Zhōngguó gōngzuò bǐ zài Měiguó máng. Měi tiān de rìchéng dōu
中国　工作　比　在　美国　忙。每　天　的　日程　都
ānpái de hěn jǐn. Ná jīntiān lái shuō ba, shàngwǔ jiǔ diǎn hé gè
安排　得　很　紧。拿　今天　来　说　吧，上午　九　点　和　各
bùmén de jīnglǐ kāihuì, zhōngwǔ shí'èr diǎn bàn yuēle fēngōngsī
部门　的　经理　开会，中午　十二　点　半　约了　分公司
de jīnglǐ chīfàn. Běnlái jīntiān xiàwǔ hái yào gēn gōngsī de
的　经理　吃饭。本来　今天　下午　还　要　跟　公司　的

第四課　すみません、遅れてしまいました

zhòngyào kèhù jiànmiàn, yīnwei yào gǎn yí fèn bàogào, bùdebù
重要　客户　见面，因为　要　赶　一　份　报告，不得不
gǎidàole xià zhōu. Érqiě lǎoshi yào chūchāi, chàbuduō quán guó gè
改到了　下　周。而且　老是　要　出差，差不多　全　国　各
gè dà chéngshì dōu qùguo le. Dì-èr, Zhōngguó de wénhuà gēn
个　大　城市　都　去过　了。第二，中国　的　文化　跟
Měiguó de bù yíyàng. Měiguórén hěn zhíjiē, yǒu yìjiàn jiù zhíjiē
美国　的　不　一样。美国人　很　直接，有　意见　就　直接
gàosu nǐ, kěshì Zhōngguórén yìbān bú zhèyàng zuò, Zhōngguórén
告诉　你，可是　中国人　一般　不　这样　做，中国人
zǒngshì jiànjiē de biǎodá tāmen de xiǎngfǎ, ràng nǐ zìjǐ qù cāi.
总是　间接　地　表达　他们　的　想法，让　你　自己　去　猜。
Dāngrán zài Zhōngguó gōngzuò yě yǒu hěn duō hǎo de dìfang.
当然　在　中国　工作　也　有　很　多　好　的　地方。
Bǐrúshuō, Zhōngguó de tóngshì duì wǒ fēicháng hǎo. Ná wǒ de
比如说，中国　的　同事　对　我　非常　好。拿　我　的
mìshū lái shuō, búdàn gōngzuò rènzhēn, érqiě chángcháng
秘书　来　说，不但　工作　认真，而且　常常
bāngzhù wǒ jiějué shēnghuó zhōng de wèntí.
帮助　我　解决　生活　中　的　问题。

我的汉语教室　中级（一）

Shēngcí 生词 | Vocabulary 単語

1. 本来	běnlái	originally; at first	本来
2. 赶	gǎn	to rush for	間に合わせる
3. 不得不	bùdebù	have to	やむを得ず～する
4. 城市	chéngshì	city	都会
5. 文化	wénhuà	culture	文化

Unit 4　Sorry, I'm late

6. 直接	zhíjiē	direct; directly	直接
7. 意见	yìjiàn	opinion; differing opinion	意見
8. 间接	jiànjiē	indirect; indirectly	間接
9. 表达	biǎodá	to express	表現する
10. 想法	xiǎngfǎ	idea; opinion	考え方
11. 猜	cāi	to guess	当てる、推量する
12. 不但	búdàn	not only	〜ばかりでなく、〜のみならず
13. 认真	rènzhēn	conscientious; earnest	真剣に、まじめに
14. 解决	jiějué	to solve	解決する

Zhùshì 注释　Notes 解释

① Āi, bié tí le, zuìjìn tiānqì bù hǎo, shàngbān de shíhou lǎoshi jiào bú dào chē.
唉，别提了，最近天气不好，上班的时候老是叫不到车。

"别提了"用于表示对于不满意的情况不想多说，含有夸张的语气。

'Bié tí le' is used to express that one does not want to talk about something unsatisfactory with a tone of exaggeration.

「别提了」は不満足な状況についてあまり話したくないということを表す。大げさなニュアンスがある。

例：
1) A：Nǐ zěnme kàn qilai xīnqíng bú tài hǎo a?
你怎么看起来心情不太好啊?

B：Bié tí le, jīntiān shàngwǔ wǒ kāihuì chídào le, lǎobǎn bú tài gāoxìng.
别提了，今天上午我开会迟到了，老板不太高兴。

2) A：Nǐ zhǎo shénme ne?
你找什么呢?

B：Bié tí le, gāng dìnghǎo de jīpiào zhǎo bú dào le……
别提了，刚订好的机票找不到了……

3) A：Nǐ huílai le, jīntiān yídìng hěn xīnkǔ ba.
你回来了，今天一定很辛苦吧。

第四课　对不起，我迟到了

73

第四課　すみません、遅れてしまいました

Bié tí le, mángle yì tiān.
B：别 提 了，忙了 一 天。

② Jiù ná jīntiān lái shuō ba, wǒ hěn zǎo jiù chūlai le, kěshì děngle sìshí fēnzhōng cái jiàodào chūzūchē.
就 拿 今天 来 说 吧，我 很 早 就 出来 了，可是 等了 四十 分钟 才 叫到 出租车。

"拿……来说"是举例说明的意思，也可以用"比如说……"，通常用来支持前文出现的某个事实。

'Ná…… lái shuō' means 'to take something for example', same as 'bǐrúshuō……'. It is usually used to support a fact mentioned in former part.

「拿……来说」は例をあげて説明する意味を表す。「比如说……」とも言う。前の文に出てきたある事実を「拿……来说」で説明する。

例：
1）Wǒmen yì jiā rén dōu xǐhuan chī qīngcài. Ná wǒ bàba lái shuō, yì tiān bù chī jiù bù shūfu.
我们 一家人 都 喜欢 吃 青菜。拿 我 爸爸 来 说，一 天 不 吃 就 不 舒服。

2）Wǒmen gōngsī chángcháng jiābān. Jiù ná zhège xīngqī lái shuō, yǐjīng jiāle sān cì bān le.
我们 公司 常常 加班。就 拿 这个 星期 来 说，已经 加了 三 次 班 了。

3）Zuìjìn tiānqì bú tài hǎo. Jiù ná zhège xīngqī lái shuō, yǐjīng xiàle sān cì yǔ le.
最近 天气 不 太 好。就 拿 这个 星期 来 说，已经 下了 三 次 雨 了。

③ Suīrán tiānqì bù hǎo,（dànshì）nǐ yě bù yīnggāi chídào a.
虽然 天气 不 好，（但是）你 也 不 应该 迟到 啊。

"虽然……但是/可是……"表示转折关系。"虽然"用在上半句，表示承认某个事实，"但是/可是"用在下半句，表示后面的事情并不因为前面的事情而成立。

'Suīrán…… dànshì/kěshì……' means 'although…' or '… but…'.

「虽然……但是/可是……」は「～とはいっても、～」の意味を表す。「虽然」前半の文に使われ、ある事実を認めることを表す。「但是/可是」は後半の文

に使われ、前の事実があるとはいっても、後のことが成立するわけでもないという意味を表す。

例：1）Suīrán zhèli de jiǎozi zuò de hěn hǎo kàn, dànshì bù hǎo chī.
　　　虽然 这里 的 饺子 做 得 很 好 看，但是 不 好 吃。

　　2）Suīrán wǒ méi jiànguo tā, dànshì dǎguo jǐ cì diànhuà.
　　　虽然 我 没 见过 他，但是 打过 几 次 电话。

　　3）Suīrán wàimian yǔ xià de hěn dà, wǒ háishi yào chū mén.
　　　虽然 外面 雨 下 得 很 大，我 还是 要 出 门。

4 Ò, wǒ xiǎng qilai le.
哦，我 想 起来 了。

"想起来"是指记忆恢复，是记忆中的事物又集中到脑海中的意思。否定形式是"想不起来"或"没想起来"。

'Xiǎng qilai' means 'to recollect, to gather something formerly known together and back to one's mind'. The negative form is 'xiǎng bù qǐlái' or 'méi xiǎng qilai'.

「想起来」は記憶をよみがえらせることで、記憶中の事柄が頭の中に戻ってくるという意味を表す。否定形は"想不起来"または"没想起来"である。

例：1）Xiǎng qilai le, wǒ bǎ shū fàng zài chē shang le.
　　　想 起来 了，我 把 书 放 在 车 上 了。

　　2）Xiǎng qilai le, zhège yuè bā hào shì nǐ de shēngri.
　　　想 起来 了，这个 月 八 号 是 你 的 生日。

　　3）Wǒ xiǎng bù qǐlái zhège rén shì shuí le.
　　　我 想 不 起来 这个 人 是 谁 了。

5 Nín xiǎng gǎidào shénme shíhou ne?
您 想 改到 什么 时候 呢？

"动词＋到＋时间/地点"表示由于某个动作而使时间或地点发生了改变。

The structure 'v. + dào + time/place' is used to express that the time or place changes as a result of the action.

「動詞＋到＋時間/場所」はある動作によって、時間的、場所上の変化を起こすことを示す。

例：1）Nǐ bǎ huā fàngdào zhuōzi shang ba.
　　　你 把 花 放到 桌子 上 吧。

第四課　すみません、遅れてしまいました

　　　　　　Āyí bǎ háizi dàidào gōngyuán qù le.
　　2）阿姨 把 孩子 带到 公园 去 了。

　　　　　　Jīntiān tài máng le, wǒmen de yuēhuì néng bù néng huàndào zhège
　　3）今天 太 忙 了，我们 的 约会 能 不 能 换到 这个
　　　　　zhōumò?
　　　　　周末？

　　　　Běnlái jīntiān xiàwǔ hái yào gēn gōngsī de zhòngyào kèhù jiànmiàn, yīnwei yào gǎn yí
❻ 本来 今天 下午 还要 跟 公司 的 重要 客户 见面，因为 要 赶 一
　　fèn bàogào, bùdebù gǎidàole xià zhōu.
　　份 报告，不得不 改到了 下 周。

　　　"本来"表示"以前""原来"，含有现在情况已经发生变化的意思。

　　　'běnlái' means 'originally', indicating things now have changed.

　　「本来」は「以前」、「原来」の意味であり、現在状況にすでに変化があったという意味を表す。

　　　　　　Wǒ běnlái xiǎng qù Xī'ān, xiànzài méi shíjiān le.
　　例：1）我 本来 想 去 西安，现在 没 时间 了。

　　　　　　Zhè běn shū tā běnlái xiǎng mǎi de, kěshì qián bú gòu le.
　　　　2）这 本 书 他 本来 想 买 的，可是 钱 不 够 了。

　　　　　　Lǎo Wáng běnlái xiǎng mǎi fángzi, kěshì juéde tài guì, hòulái zài dìtiězhàn
　　　　3）老 王 本来 想 买 房子，可是 觉得 太 贵，后来 在 地铁站
　　　　　pángbiān zūle yí tào.
　　　　　旁边 租了 一 套。

　　　　Ná wǒ de mìshū lái shuō, búdàn gōngzuò rènzhēn, érqiě chángcháng bāngzhù wǒ
❼ 拿 我 的 秘书 来 说，<u>不但</u> 工作 认真，<u>而且</u> 常常 帮助 我
　　jiějué shēnghuó zhōng de wèntí.
　　解决 生活 中 的 问题。

　　　"不但……而且……"表示递进关系。

　　　'Búdàn……érqiě……' means 'not only… but also…'.

　　「不但……而且……」はさらにという意味を表す。

　　　　　　Nàge dìfang wǒ búdàn qùguo, érqiě qùguo liǎng cì.
　　例：1）那个 地方 我 不但 去过，而且 去过 两 次。

　　　　　　Tā de fángzi búdàn zūjīn piányi, érqiě lí gōngsī hěn jìn.
　　　　2）他 的 房子 不但 租金 便宜，而且 离 公司 很 近。

Tā búdàn Hànyǔ shuō de hǎo, érqiě Hànzì yě xiě de piàoliang.
3）他 不但 汉语 说 得 好，而且 汉字 也 写 得 漂亮。

Liànxí 练习 / Exercises 練習

1 用"拿……来说"完成句子。

Complete the following sentences with 'ná……lái shuō'.

「拿……来说」を使って、次の文を完成しなさい。

> Wǒ měi tiān de rìchéng dōu ānpái de hěn jǐn. Ná jīntiān lái shuō, wǒ
> 例：我 每 天 的 日程 都 安排 得 很 紧。拿 今天 来 说，我
> shàngwǔ yào hé gè bùmén de jīnglǐ kāihuì, shí'èr diǎn bàn yuēle fēngōngsī
> 上午 要 和 各 部门 的 经理 开会，十二 点 半 约了 分公司
> de jīnglǐ chīfàn, xiàwǔ hái yào gǎn yí fèn bàogào.
> 的 经理 吃饭，下午 还 要 赶 一 份 报告。

Shàng-xiàbān shíjiān lùshang zǒngshì hěn dǔ.
1）上下班 时间 路上 总是 很 堵。

Wǒ de Zhōngguó tóngshì dōu duì wǒ fēicháng hǎo.
2）我 的 中国 同事 都 对 我 非常 好。

Zhè jiā shāngdiàn de dōngxi hěn piányi.
3）这 家 商店 的 东西 很 便宜。

Xué Hànyǔ hěn yǒuyìsi.
4）学 汉语 很 有意思。

2 根据实际情况,用"不但……而且……"回答问题。

Answer the following questions with 'búdàn……érqiě……'.

実際の状況に基づいて、「不但……而且……」を使って、質問に答えなさい。

Nǐ jīngcháng zài nǎli chīfàn?Wèishénme?
1) 你 经常 在 哪里 吃饭? 为什么?
_____

Nǐ jīngcháng qù nǎ jiā shāngdiàn mǎi dōngxi?Wèishénme?
2) 你 经常 去 哪家 商店 买 东西? 为什么?
_____

Nǐ xǐhuan dǎchē qù shàngbān háishi zuò dìtiě qù shàngbān?Wèishénme?
3) 你 喜欢 打车 去 上班 还是 坐 地铁 去 上班? 为什么?
_____

Wèishénme hěn duō rén dōu xǐhuan yòng yīntèwǎng?
4) 为什么 很 多 人 都 喜欢 用 因特网(internet,インターネット)?
_____

3 选择与画线部分意思相近的词语。

Choose the word with the most similar meaning to the underlined word.

傍線部の意味に近い単語を選びなさい。

Tā lǎoshi chuān zhè jiàn yīfu, hǎoxiàng yìzhí dōu méi huànguo.
1) 他 老是 穿 这 件 衣服,好像 一直 都 没 换过。

    dōu shì   dànshì   zǒngshì
    A. 都 是   B. 但是   C. 总是

Nàme duō nián guòqu le, nǐ jiù bú yào tí yǐqián de nà jiàn shì le.
2) 那么 多 年 过去 了,你 就 不 要 提 以前 的 那 件 事 了。

    shuōhuà   shuō   xiǎng
    A. 说话   B. 说   C. 想

Míngnián wǒ jiù yào huíguó le, suǒyǐ jiāli de xiǎo gǒu bùdebù sòng gěi
3) 明年 我 就 要 回国 了,所以 家里 的 小 狗 不得不 送 给
péngyou.
朋友。

    zhǐhǎo   yídìng   yàoshi
    A. 只好   B. 一定   C. 要是

4 选词填空。

Fill in the blanks with the proper words given.

適当な言葉を選んで、文を完成しなさい。

> jìde　　xiǎng qilai
> 记得　　想 起来

1) Nà fèn zhòngyào de bàogào ne? Wǒ bú _____ fàng zài nǎli le.
   那 份 重要 的 报告 呢？我 不 _____ 放 在 哪里 了。

2) Wǒ _____ le, wǒ bǎ zīliào fàng zài chē li le.
   我 _____ 了，我 把 资料 放 在 车 里 了。

3) Wǒ _____ bǎ hétong fàng zài zhuōzi shang le, xiànzài zěnme zhǎo bú dào le?
   我 _____ 把 合同 放 在 桌子 上 了，现在 怎么 找 不 到 了？

4) Wǒ wàngle tā de míngzi, xiǎngle bàn tiān cái _____.
   我 忘了 他 的 名字，想了 半 天 才 _____。

> dànshì　zhǐshì　zǒngshì　yàoshi　háishi
> 但是　　只是　　总是　　要是　　还是

5) Zhège xīngqītiān wǒ yǒu ge yuēhuì, _____ jīntiān lǎobǎn shuō xīngqītiān wǒmen bùmén xūyào jiābān.
   这个 星期天 我 有 个 约会，_____ 今天 老板 说 星期天 我们 部门 需要 加班。

6) Nǐ xiǎng dìng shāngwùcāng _____ tóuděngcāng?
   你 想 订 商务舱 _____ 头等舱（first class，ファーストクラス）？

7) Jiékè _____ zuò dìtiě shàngbān, yīnwei tā juéde zuò chūzūchē tài guì, zuò gōngjiāochē yòu tài màn.
   杰克 _____ 坐 地铁 上班，因为 他 觉得 坐 出租车 太 贵，坐 公交车 又 太 慢。

8) _____ míngtiān xiàyǔ, wǒmen jiù bú qù Shìjì Gōngyuán wán le.
   _____ 明天 下雨，我们 就 不 去 世纪 公园 玩 了。

9) Zhège cài zuò de hěn hǎochī, _____ yǒudiǎnr tián.
   这个 菜 做 得 很 好吃，_____ 有点儿 甜。

第四課　すみません、遅れてしまいました

zhǔnbèi	yuē	zīliào	dìngzuò	dìng	jìde	rènzhēn	wánchéng	ānpái
准备	约	资料	订座	订	记得	认真	完成	安排

10）　Xiǎo Huì shì gè mìshū, měi tiān fùzé _____ lǎobǎn de rìchéng. Měi tiān
　　　小　慧　是　个　秘书，每　天　负责 _____ 老板　的　日程。每　天

　　　zǎoshang tā zǒngshì xiān bāng lǎobǎn _____ kāihuì de _____,
　　　早上　她　总是　先　帮　老板 _____ 开会　的 _____,

　　　ránhòu gàosu lǎobǎn kāihuì de shíjiān, ràng tā yídìng yào _____ qù
　　　然后　告诉　老板　开会　的　时间，让　他　一定　要 _____ 去

　　　cānjiā. Zhōngwǔ lǎobǎn jīngcháng huì _____ kèhù jiànmiàn chīfàn, Xiǎo
　　　参加。中午　老板　经常　会 _____ 客户　见面　吃饭，小

　　　Huì jiù huì xiān dǎ diànhuà dào fàndiàn _____. Měi cì lǎobǎn yào chūchāi
　　　慧　就　会　先　打　电话　到　饭店 _____。每　次　老板　要　出差

　　　de shíhou, jīpiào yě shì Xiǎo Huì _____ de. Tā gōngzuò fēicháng
　　　的　时候，机票　也　是　小　慧 _____ 的。她　工作　非常

　　　_____, zǒngshì _____ de hěnhǎo, suǒyǐ lǎobǎn hěn xǐhuan tā.
　　　_____，总是 _____ 得　很好，所以　老板　很　喜欢　她。

5 用所给的词完成句子或对话。

Complete the following sentences or conversations with the words given.

括弧の中の単語を使って、文を完成しなさい。

1）　Jīntiān wǒ láibují zhǔnbèi míngtiān kāihuì de zīliào le, _____
　　　今天　我　来不及　准备　明天　开会　的　资料了， _____
　　　_____.（bùdebù）
　　　_____。（不得不）

2）　Jīntiān zǎoshang xiàyǔ, wǒ jiào bú dào chūzūchē, _____
　　　今天　早上　下雨，我　叫　不　到　出租车， _____
　　　_____.（bùdebù）
　　　_____。（不得不）

3）　_____, wǒ zhǐhǎo dāi zài jiāli.（lǎoshì）
　　　_____，我　只好　呆　在　家里。（老是）

4）　Nǐ zěnme _____? Zhège xīngqī nǐ yǐjīng
　　　你　怎么 _____？这个　星期　你　已经

chídào sān cì le. (lǎoshi)
迟到 三 次 了。(老是)

5) _____, kěshì jīpiào tài nán mǎi le, wǒ zhǐhǎo
_____，可是 机票 太 难 买 了，我 只好
zuò huǒchē qù Běijīng lǚxíng le. (běnlái)
坐 火车 去 北京 旅行 了。(本来)

6) _____, dànshì zhège xīngqī lǎoshi xiàyǔ, méi
_____，但是 这个 星期 老是 下雨，没
bànfǎ. (běnlái)
办法。(本来)

7) A: Wǒmen yuēhǎo shí diǎn jiànmiàn de, nǐ zěnme xiànzài cái lái?
　　我们 约好 十点 见面 的，你 怎么 现在 才 来？

B: _____. (bié tí le)
　　_____。(别 提 了)

8) A: Tīngshuō nǐ zuótiān zhōngwǔ qùle yì jiā xīn kāi de fàndiàn chīfàn, wèidào
　　听说 你 昨天 中午 去了 一 家 新 开 的 饭店 吃饭，味道
zěnmeyàng?
怎么样？

B: _____. (bié tí le)
　　_____。(别 提 了)

6 改错。

Correct the following sentences.

間違いを直しなさい。

1) Jīntiān búdàn tā yào wánchéng bàogào, érqiě hái yào jiàn kèhù.
今天 不但 她 要 完成 报告，而且 还 要 见 客户。

2) Nǐ shì shàng gè xīngqīwǔ yuē wǒ le, nǐ bú jìde le ma?
你 是 上 个 星期五 约 我 了，你 不 记得 了 吗？

3) Xiāngxìn wǒ, wǒ zhēnde hěn xīwàng hézuò hé nǐmen gōngsī.
相信 我，我 真的 很 希望 合作 和 你们 公司。

4) Měiguórén biǎodá xiǎngfǎ bǐ Zhōngguórén hěn zhíjiē ma?
美国人 表达 想法 比 中国人 很 直接 吗？

5) Suīrán zhège cài kàn qilai hěn hǎokàn, kěshì hěn hǎochī.
虽然 这个 菜 看 起来 很 好看，可是 很 好吃。

第四课 对不起，我迟到了

81

7 根据实际情况回答问题。

Answer the following questions.

実際の状況に基づいて、質問に答えなさい。

1) Nǐ měi tiān de gōngzuò rìchéng shì zěnme ānpái de?
   你 每 天 的 工作 日程 是 怎么 安排 的?

2) Zài nǐ de gōngzuò zhōng, nǐ zuì xǐhuan zuò shénme? Kāihuì、xiě bàogào、hé kèhù yìqǐ chīfàn、chūchāi, háishi bié de? Wèishénme?
   在 你 的 工作 中, 你 最 喜欢 做 什么? 开会、写 报告、和 客户 一起 吃饭、出差, 还是 别 的? 为什么?

3) Duì nǐ lái shuō, zài Zhōngguó gōngzuò, shénme shì zuì nán de? Shénme shì zuì yǒu yìsi de?
   对 你 来 说, 在 中国 工作, 什么 是 最 难 的? 什么 是 最 有 意思 的?

4) Zài nǐ de gōngsī, shàngbān chídàole huì zěnmeyàng?
   在 你 的 公司, 上班 迟到了 会 怎么样?

5) Yǒude rén juéde Zhōngguórén lǎoshi bù zhíjiē biǎodá zìjǐ de xiǎngfǎ, nǐ rènwéi ne?
   有的 人 觉得 中国人 老是 不 直接 表达 自己 的 想法, 你 认为 呢?

8 阅读短文并回答问题。

Read the following passage and answer the questions.

次の短文を読んで、質問に答えなさい。

Bàngōngshì① wénhuà
办公室 文化

Měi gè gōngsī dōu yǒu zìjǐ de bàngōngshì wénhuà. Wǒmen gōngsī de bàngōngshì
每 个 公司 都 有 自己 的 办公室 文化。我们 公司 的 办公室
wénhuà jiù shì "chīchī-hēhē" de wénhuà.
文化 就 是 "吃吃 喝喝" 的 文化。

Ná shìchǎngbù de shuàigē②men lái shuō, tāmen zuì xǐhuan de jiù shì shāngliang
拿 市场部 的 帅哥 们 来 说,他们 最 喜欢 的 就是 商量
qù nǎli chī hé chī shénme. Měi xīngqīyī de zhōngwǔ, shuàigēmen zài yìqǐ dà tán
去 哪里 吃 和 吃 什么。每 星期一 的 中午, 帅哥们 在 一起 大 谈
zhōumò qùle shénme dìfang, chīle shénme, nǎ jiā fàndiàn de dōngxi yòu piányi yòu
周末 去了 什么 地方,吃了 什么,哪家 饭店 的 东西 又 便宜 又

Unit 4　Sorry, I'm late

hǎochī.
好吃。

Duì bàngōngshì li de měinǚ③ men lái shuō, zuì zhòngyào de shì miáotiao④.
对 办公室 里 的 美女 们 来 说，最 重要 的 是 苗条。

Yǒude měinǚ wǔfàn zhǐ chī liǎng gè shuǐguǒ⑤、yì hé suānnǎi. Suǒyǐ jīngcháng kěyǐ
有的 美女 午饭 只 吃 两 个 水果、一 盒 酸奶。所以 经常 可以

kàndào xiāngjiāo⑥ píngguǒ⑦ shénme de fàng zài zhuō shang.
看到 香蕉、苹果 什么 的 放 在 桌 上。

Rúguǒ yǒu rén chūchāi huílai, jiù yào dài dāngdì⑧ de diǎnxin qǐng dàjiā chī.
如果 有 人 出差 回来，就 要 带 当地 的 点心 请 大家 吃。

Yàoshi yǒu rén guò shēngri, yě huì qǐng dàjiā chī dōngxi. Zhège shíhou, měinǚmen
要是 有 人 过 生日，也 会 请 大家 吃 东西。这个 时候，美女们

hǎoxiàng dōu wàngle yào miáotiao le. Jìde yǒu yí gè xīngqī, tiāntiān yǒu dōngxi chī,
好像 都 忘了 要 苗条 了。记得 有 一 个 星期，天天 有 东西 吃，

zhōngfàn dōu bú yòng chī le. Běnlái zuò zài bàngōngshì li yùndòng jiù shǎo, yòu
中饭 都 不 用 吃 了。本来 坐 在 办公室 里 运动 就 少，又

chīle nàme duō dōngxi, búdàn duì shēntǐ bù hǎo, érqiě dùzi yě yuèláiyuè dà.
吃了 那么 多 东西，不但 对 身体 不 好，而且 肚子 也 越来越 大。

① 办公室	bàngōngshì	office	事務室
② 帅哥	shuàigē	handsome man	格好いい男性
③ 美女	měinǚ	beautiful woman	美女
④ 苗条	miáotiao	slim	スタイルの良い
⑤ 水果	shuǐguǒ	fruit	果物
⑥ 香蕉	xiāngjiāo	banana	バナナ
⑦ 苹果	píngguǒ	apple	りんご
⑧ 当地	dāngdì	local	地元の

第四课　对不起，我迟到了

Nǐ juéde zhège gōngsī de bàngōngshì wénhuà zěnmeyàng?
1) 你 觉得 这个 公司 的 办公室 文化 怎么样？

Nǐmen gōngsī de bàngōngshì wénhuà shì shénme?
2) 你们 公司 的 办公室 文化 是 什么？

Zài nǐmen gōngsī, yǒu xiàwǔchá shíjiān ma?
3) 在 你们 公司，有 下午茶 时间 吗？

Zài nǐmen gōngsī, tóngshì chūchāi huílai de shíhou huì dài diǎnxin gěi dàjiā ma?
4) 在 你们 公司，同事 出差 回来 的 时候 会 带 点心 给 大家 吗？

83

第四课　すみません、遅れてしまいました

9 课堂活动。

Practice in class.

練習。

1) 问问学生有没有迟到的经历。

2) 问问学生是否喜欢在中国工作，觉得在中国工作好还是在自己国家工作好。举行一次辩论会，让学生说说在中国工作的利弊。

| Tīnglì 听力 | Listening ヒアリング |

Tīng lùyīn, wánchéng jùzi.

1 听 录音， 完成 句子。

1) ＿＿＿＿＿＿＿＿＿＿＿＿＿＿＿＿，zěnme huí shì?
　　＿＿＿＿＿＿＿＿＿＿＿＿＿＿＿＿，怎么 回 事？

2) À, wǒ xiǎng qilai le, ＿＿＿＿＿＿＿＿＿＿＿＿＿＿＿.
　　啊，我 想 起来 了，＿＿＿＿＿＿＿＿＿＿＿＿＿＿＿。

3) Mǎi bú dào jīpiào, Mùcūn xiānsheng ＿＿＿＿＿＿＿＿＿＿＿＿＿.
　　买 不 到 机票，木村 先生 ＿＿＿＿＿＿＿＿＿＿＿＿＿。

4) ＿＿＿＿＿＿＿＿＿＿＿＿＿＿＿，dànshì hěn yǒu yìsi.
　　＿＿＿＿＿＿＿＿＿＿＿＿＿＿＿，但是 很 有 意思。

5) Wǒmen bú huì ＿＿＿＿＿＿＿＿＿＿＿＿＿, zhēn nánchī!
　　我们 不 会 ＿＿＿＿＿＿＿＿＿＿＿＿＿，真 难吃！

Tīng duìhuà, xuǎnzé zhèngquè de dá'àn.

2 听 对话，选择 正确 的 答案。

1) A. nán-nǚ péngyou　　　　B. tóngshì
　　　男女 朋友　　　　　　　　同事

2) A. yǐqián　　　　　　　　B. xiànzài
　　　以前　　　　　　　　　　现在

3) A. jìnbù hěn kuài　　　　B. jìnbù bú kuài
　　　进步 很 快　　　　　　　进步 不 快

4) A. shísì hào shàngwǔ liù diǎn　　B. shísì hào xiàwǔ liù diǎn
　　　十四 号 上午 六 点　　　　　　十四 号 下午 六 点

5) A. Běijīng　　　　　　　　B. Xī'ān
　　　北京　　　　　　　　　　西安

Tīng duìhuà, huídá wèntí.
3 听 对话，回答 问题。

Jīntiān shàngwǔ shí diǎn Xú jīnglǐ zuò shénme?
1) 今天 上午 十 点 徐 经理 做 什么？

Zhōngwǔ shí'er diǎn bàn Xú jīnglǐ zuò shénme?
2) 中午 十二 点 半 徐 经理 做 什么？

Xiàwǔ liǎng diǎn Xú jīnglǐ huì hé shuí jiànmiàn?
3) 下午 两 点 徐 经理 会 和 谁 见面？

Xú jīnglǐ qù nǎge jīchǎng zuò fēijī?
4) 徐 经理 去 哪个 机场 坐 飞机？

Xú jīnglǐ jǐ diǎn néng dào Běijīng?
5) 徐 经理 几 点 能 到 北京？

Nǐ xūyào zhīdao de shēnghuó Hànzì
你 需要 知道 的 生活 汉字
The Chinese Characters You Need to Know
知っておくべき生活中の漢字

超市在中国的发展虽然只有短短十几年，但在规模和类型上已越来越趋于成熟。在超市里，如果你能认识这些食品的分类名称就能更容易地找到你需要的商品。

Although supermarkets came to China less than twenty years ago, there is now a great variety in the size and type of supermakets in China. If you can recognize the following words for classification of foodstuff, it would be easier for you to find the things you want in the supermarket.

スーパーは中国では十数年の歴史しかないが、規模と種類は徐々に成熟してきている。次の食品の種類が分かれば、必要な商品は見つかるであろう。

第四課　すみません、遅れてしまいました

① 肉类（ròulèi, meats，肉）
② 蔬果（shūguǒ, vegetables and fruits，果物）
③ 调味品（tiáowèipǐn, condiments；flavouring；seasoning，調味料）
④ 饮料（yǐnliào, beverage，飲み物）

肉　蔬　果　调　味　饮　料

Nǐ xūyào zhīdao de Zhōnghuá chéngyǔ
你 需要 知道的　中华　成语
The Chinese Idioms You Need to Know
知っておくべき中国成語

húshuō - bādào
胡说八道

"胡说八道"指没有根据地乱说。

'Húshuō-bādào' means to talk nonsense.

口からでまかせを言う。でたらめを言う

hú: recklessly　　　　　　shuō: to say; to talk　　　　dào: to say; to talk

胡: めちゃくちゃである　　说: 言う　　　　　　　　道: 言う

例：① A：　Tīng Xiǎo Lǐ shuō, nǐ mǎshàng yào jiéhūn le?
　　　　　听　小　李　说，你　马上　要　结婚　了？

　　　B：　Bú yào tīng tā húshuō-bādào. Wǒ hái méiyou nǚpéngyou ne.
　　　　　不　要　听　他　胡说　八道。我　还　没有　女朋友　呢。

　　② Tā zhège rén zuì xǐhuan húshuō-bādào le, nǐ kě bú yào nàme xiāngxìn tā de huà.
　　　他　这个　人　最　喜欢　胡说　八道　了，你　可　不　要　那么　相信　他　的　话。

第四课　对不起，我迟到了

Unit 5 第五课

Dì-wǔ Kè
第五课

Wǒ cóng bù cānjiā lǚyóutuán
我 从 不 参加 旅游团
I never join a tourist group
私はツアーには参加しません

Kèwén 课文 一

Lǐ Qiáng: Yòu yào dào "Wǔ-Yī" chángjià le, nǐ dǎsuan zěnme
李 强： 又 要 到 "五一" 长假 了，你 打算 怎么
guò? Yǒu shénme hǎo zhǔyi ma?
过？有 什么 好 主意 吗？

Jiékè: Lǎoshi dāi zài jiāli shízài méiyìsi, wǒ dǎsuan qù lǚyóu.
杰克： 老是 呆 在 家里 实在 没意思，我 打算 去 旅游。

Lǐ Qiáng: Wǒ hé Wáng Huì yě shì zhème dǎsuan de. Búguò, zhè
李 强： 我 和 王 慧 也 是 这么 打算 的。不过，这

次我们不会再跟旅游团去了。他们不是带你赶很多的景点，就是带你去买东西，一点儿自由都没有。

杰克： 是啊，我最讨厌别人替我做决定了，所以我从不参加旅游团。

李强： 我们这次打算去香港玩儿几天，你呢？

杰克： 还没决定呢，只要没有太多人就行了。因为我听说出去玩儿到处都要排队。我可不想排了队拍照再排队吃饭。

李强： 哦……你去过大连吗？

杰克： 还没去过。听说大连又漂亮又干净，我一直都很想去。但是去大连玩儿的人不多吗？

第五课 我从不参加旅游团

第五课　私はツアーには参加しません

李　强：　"五一"去大连的游客应该不会太多。

杰　克：　好！就去大连！那麻烦你帮我问一下儿机票和酒店吧。

李　强：　好啊！

（过了一会儿）

李　强：　杰克，刚才我问过了，你可以坐东方航空公司的航班，一号上午九点一刻去，六号晚上七点四十分回。他们可以免费送票。

杰　克：　这样七号还可以在家里休息一下儿，这个日程安排不错！

李　强：　我还联系了一家三星级的酒店，在市中心，交通挺方便的。单人间，二百八十块一晚。房费包括早饭，不收服务费。你看怎么样？

Jiékè: Hǎoxiàng yǒudiǎnr guì …… Bù dǎzhé ma?
杰克: 好像 有点儿 贵……不 打折 吗?

Lǐ Qiáng: Xiànzài shì lǚyóu wàngjì, kěndìng bù dǎzhé.
李 强: 现在 是 旅游 旺季, 肯定 不 打折。

Jiékè: Hǎo ba, jiù zhème dìng le! Wǒ zhè jiù qù dìng jīpiào hé jiǔdiàn.
杰克: 好 吧, 就 这么 定 了!我 这 就 去 订 机票 和 酒店。

Shēngcí
生词

Vocabulary
单語

1. 旅游	lǚyóu	travel; to travel	旅行
2. 团	tuán	group	団体
3. 长假	chángjià	long holiday	連休、長期休暇
4. 实在	shízài	indeed; really	本当に
5. 景点	jǐngdiǎn	scenic spots	観光スポット
6. 自由	zìyóu	freedom; free	自由
7. 到处	dàochù	everywhere	至る所
8. 排队	páiduì	to queue up	列に並ぶ
9. 拍照	pāizhào	to take a picture	写真を撮る
10. 游客	yóukè	tourist	観光客
11. 酒店	jiǔdiàn	hotel	ホテル
12. 航空	hángkōng	aviation; airline	航空
13. 航班	hángbān	flight	フライト
14. 免费	miǎnfèi	free of charge	無料
15. 家	jiā	*measure word for hotel, restaurant, etc.*	家や店などを数える助数詞
16. 三星级	sānxīngjí	three-star	(ホテルなどの)三つ星
17. 中心	zhōngxīn	center	中心,センター
18. 单人间	dānrénjiān	single room	一人部屋
19. 包括	bāokuò	to include	含む

20. 服务	fúwù	service	サービス
21. 旺季	wàngjì	busy season	ピーク、最盛期、繁忙期
22. 肯定	kěndìng	certainly	必ず、間違いなく
23. 定	dìng	to decide	決める

Zhuānyǒu Míngcí 专有名词 | Proper Nouns 固有名詞

1. 五一	Wǔ-Yī	May Day; short for International Labour Day (May 1)	労働節
2. 大连	Dàlián	Dalian	大連
3. 东方航空公司	Dōngfāng Hángkōng Gōngsī	China Eastern Airlines	東方航空会社

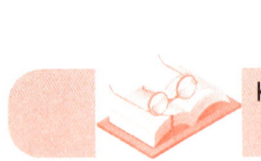

Kèwén 课文 二

Háizimen hěn kuài yòu yào fàng shǔjià le, wǒ zhèngzài kǎolǜ
孩子们 很 快 又 要 放 暑假 了，我 正在 考虑

Unit 5　I never join a tourist group

第五课　我从不参加旅游团

放假的时候带他们去哪里玩儿。希望这次一郎有时间和我们一起去。去年暑假，因为我们刚来中国，中文说得不怎么好，所以我们参加了一个旅行社组织的旅游团去北京玩儿。可是那样实在太不自由了。在每个地方呆的时间都很短，一边玩儿还要一边注意时间。有一次我们想多拍几张照片儿，结果差点儿迟到了。后来很多漂亮的风景都没来得及拍，真是太可惜了。而且导游还带我们去了很多商店，让我们买东西，真浪费时间。现在我的中文已经说得不错了，所以我想自己带孩子们去玩儿。我早就听说"桂林山水甲天下"，所以这次我打算去桂林。而且我想坐火车去旅游，这样我们在路上可以和中国人

聊聊天儿，练习一下儿中文，也可以多了解一点儿中国的文化和习惯。当然，我也不用再担心来不及拍照片儿了。

生词 Shēngcí / Vocabulary 単語

1. 暑假　shǔjià　summer holiday　夏休み
2. 旅行社　lǚxíngshè　travel agency　旅行社
3. 组织　zǔzhī　to organize　手配する
4. 照片儿　zhàopiānr　photo; picture　写真
5. 风景　fēngjǐng　scenery; landscape　風景、景色
6. 可惜　kěxī　it's a pity　残念なことに
7. 导游　dǎoyóu　tour guide　ガイド
8. 浪费　làngfèi　to waste　浪費する
9. 聊天儿　liáotiānr　to chat　世間話をする、雑談する

注释 Zhùshì / Notes 解釈

1 又要到"五一"长假了。
Yòu yào dào "Wǔ-Yī" chángjià le.

"又"表示可预料到的重复，暗指以前有过这样的事并照例还应该有这样的事。"又"的后面常常跟"可以""要"等词，结尾常常有"了"。

The word 'yòu' is used to indicate repetition as expected. It implies something has occurred in the past and is expected to occur again in the future. In this case, 'kěyǐ', 'yào' etc. are used after 'yòu', and 'le' is usually used at the end of the sentence.

「又」は繰り返しを表す。以前同じようなことが発生したことがある、もし

Unit 5　I never join a tourist group

くはいつもの通りなら同じようなことが発生することを暗に指す。「又」の後ろには「可以、要」がよく使われ、文末によく「了」が置かれる。

例：1）明天是星期天，我们又可以去逛街了。

2）下个星期一是中秋节，又可以吃月饼了。

3）这个项目特别重要，看起来周末又要加班了。

❷ 他们不是带你赶很多的景点，就是带你去买东西。

"不是……就是……"表示两项之中必有一项是事实。

'Búshì……jiùshì……' means 'either… or…'.

「不是……就是……」は二つのうちに、一つが必ず事実であることを表す。

例：1）他最近忙死了，周末不是出差就是加班。

2）我试了这几件衣服，不是大就是小。

3）每天晚上他不是看书就是看电视，从不出去。

❸ 我这就去订。

"这就"强调某事很快就要发生。

'Zhè jiù' emphasizes something will happen very soon.

「这就」は今すぐあることをしようとする意味を表す。

例：1）我们这就走了，下次再谈吧。

2）天这就黑了，路上小心点儿。

3）冰箱空了，我这就去买菜。

❹ 我早就听说"桂林山水甲天下"。

"早就"表示很早以前。

第五课　我从不参加旅游团

95

'Zǎo jiù' means 'long ago' or 'for a long time'.

「早就」はずっと前という意味を表す。

"桂林山水甲天下"的意思是"桂林山水天下第一"。

'Guìlín shān shuǐ jiǎ tiānxià' means 'Guilin's scenery is the best in the world'.

桂林の山水は天下第一だ。

例：
1) 他 早 就 去过 北京 了。
Tā zǎo jiù qùguo Běijīng le.

2) 我 早 就 对 你 说过，睡觉 前 不 要 喝 太 多 咖啡。
Wǒ zǎo jiù duì nǐ shuōguo, shuìjiào qián bú yào hē tài duō kāfēi.

3) 我们 早 就 认识 了，是 老 朋友。
Wǒmen zǎo jiù rènshi le, shì lǎo péngyou.

Liànxí 练习 | Exercises 練習

1 用"不是……就是……"完成句子。

Complete the following sentences with 'búshì……jiùshì……'.

「不是……就是……」を使って、文を完成しなさい。

> 例： 旅游团　旅游　赶　景点　买 东西
> lǚyóutuán　lǚyóu　gǎn　jǐngdiǎn　mǎi dōngxi
>
> 跟　旅游团 去 旅游，不是 赶　景点　就是 买 东西。
> Gēn lǚyóutuán qù lǚyóu, búshì gǎn jǐngdiǎn jiùshì mǎi dōngxi.

1) 午饭　李 强　　面条　　饺子
   wǔfàn　Lǐ Qiáng　miàntiáo　jiǎozi

_____

2) 星期天　典子　打扫　房间　洗 衣服
   xīngqītiān　Diǎnzǐ　dǎsǎo　fángjiān　xǐ yīfu

_____

3) 每 天　忙　开会　见 客户
   měi tiān　máng　kāihuì　jiàn kèhù

_____

4) 喜欢　辣　四川菜　湖南菜
   xǐhuan　là　Sìchuāncài　Húnáncài

_____

2 用所给的词完成句子。

Complete the following sentences with the words given.

括弧の中の単語を使って、文を完成しなさい。

1) "Shí-Yī" chángjià qù Guìlín de jīpiào hěn nán mǎi, suǒyǐ _____.
   "十一" 长假 去 桂林 的 机票 很 难 买, 所以 _____。
   (zhè jiù)
   （这 就）

2) Diànyǐng bā diǎn kāishǐ, xiànzài dōu qī diǎn duō le, _____.
   电影 八 点 开始, 现在 都 七 点 多 了, _____。
   (zhè jiù)
   （这 就）

3) Qù nǎli wán dōu hǎo, _____. (zhǐyào……jiù xíng le)
   去 哪里 玩 都 好, _____。（只要……就 行 了）

4) _____, jiù néng xuéhǎo Hànyǔ. (zhǐyào)
   _____, 就 能 学好 汉语。（只要）

5) Chūnjié de shíhou, Yù Yuán tèbié rènao, _____. (dàochù)
   春节 的 时候, 豫 园 特别 热闹, _____。（到处）

6) Fúzhōu Lù shì Shànghǎi de wénhuà jiē, _____. (dàochù)
   福州 路 是 上海 的 文化 街, _____。（到处）

7) Tā zhège yuè búshì qù Běijīng kāihuì, jiùshì qù Xiānggǎng chūchāi, _____
   他 这个 月 不是 去 北京 开会, 就是 去 香港 出差, _____
   _____. (shízài)
   _____。（实在）

8) Zhèli dào shìzhōngxīn yìdiǎnr yě bù yuǎn, ménkǒu hái yǒu dìtiě, jiāotōng
   这里 到 市中心 一点儿 也 不 远, 门口 还 有 地铁, 交通
   _____. (shízài)
   _____。（实在）

9) Nǐ dǎsuan shénme shíhou mǎi chē?
   A：你 打算 什么 时候 买 车？
   Wǒ _____. (zǎo jiù)
   B：我 _____。（早 就）

10) Nǐ rènshi tā ma?
    A：你 认识 他 吗？
    Wǒ _____. (zǎo jiù)
    B：我 _____。（早 就）

第五課　私はツアーには参加しません

3 连词成句。
Organize the following sentences.
次の単語を使って、文を完成しなさい。

1) yìdiǎnr　tóu　téng　wǒ de　bù　le　yě
　　一点儿　头　疼　我的　不　了　也
　　_____

2) méiyou　cānjiā　zìyóu　dōu　yìdiǎnr　lǚyóutuán
　　没有　参加　自由　都　一点儿　旅游团
　　_____

3) tā　tǎoyàn　juédìng　biéren　tì　tā　zuò
　　他　讨厌　决定　别人　替　他　做
　　_____

4) qù　chāoshì　máfan　wǒ　tì　nǐ　yí tàng
　　去　超市　麻烦　我　替　你　一趟
　　_____

5) kě　le　Wáng Huì　de　hǎochī　zuò　yúxiāngròusī
　　可　了　王慧　的　好吃　做　鱼香肉丝
　　_____

4 选词填空。
Fill in the blanks with the proper words given.
適当な単語を選んで、文を完成しなさい。

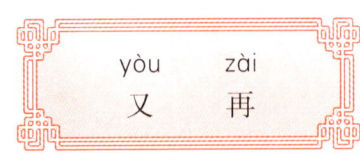

yòu	zài
又	再

1) Míngtiān _____ shì xīngqīliù le, nǐ dǎsuan zěnme guò zhōumò?
　　明天 _____ 是星期六了，你打算怎么过周末？

2) Tā gāng zǒu, nǐ míngtiān _____ lái zhǎo tā ba.
　　他刚走，你明天 _____ 来找他吧。

3) Wǔ nián yǐqián, wǒ dì-yī cì qù Dàlián. Hòulái, wǒ _____ qùguo sān cì.
　　五年以前，我第一次去大连。后来，我 _____ 去过三次。

4) Míngtiān nǐ zěnme _____ yào jiābān? Tài xīnkǔ le!
　　明天你怎么 _____ 要加班？太辛苦了！

xiān	suǒyǐ	shōu	dàochù	lǚyóu wàngjì
先	所以	收	到处	旅游 旺季
dìng	shìhé	huòzhě	bāokuò	páiduì
定	适合	或者	包括	排队

5) 要准备旅游，_____ 要 _____ 一个地方，买好去那里的机票 _____ 车票，预订好酒店的房间。一般星级酒店的房费是 _____ 早餐的，可能要 _____ 服务费。放假的时候出门，_____ 都会有人 _____，排队等车，排队吃饭，排队去洗手间……_____ 一般不要在这个时候去旅游。每年的三四月份不是 _____，而且天气也不错，_____ 旅游。

6) 李明现在是一家电脑公司的经理。他 _____（以前/以后）在学校的时候，每个假期都会和同学一起出去旅游。_____（后来/以后）工作了，时间越来越 _____（多/少），只有"五一"和"十一"长假才有时间去走走看看。_____（但是/总是）那个时候出去旅游的人非常多，拍照 _____（再/也）没有好风景。_____（因为/所以）李明决定 _____（以后/后来） _____（又/再）也不在大家都放假的时候出去了。

第五课 我从不参加旅游团

第五課　私はツアーには参加しません

5 改错。

Correct the following sentences.

間違いを直しなさい。

1) Tā zài yào tiàocáo, jīnnián tā yǐjīng tiàole liǎng cì le.
   他再要跳槽，今年他已经跳了两次了。

2) Tā juédìng bìyè le dàxué zài qù Jiùjīnshān.
   他决定毕业了大学再去旧金山。

3) Zhèxiē liàozi dōu hěn piàoliang, wǒ kě zhēn bù zhīdao xuǎn nǎ yì pǐ hǎo, nǐ zuò juédìng tì wǒ ba.
   这些料子都很漂亮，我可真不知道选哪一匹好，你做决定替我吧。

4) Wǒ yìzhí yǐwéi tā hái méiyou jiéhūn, yǐhòu cái zhīdao tā de háizi dōu sān suì le.
   我一直以为他还没有结婚，以后才知道他的孩子都三岁了。

5) Wǒ tīngshuō Zhōngguórén yì nián kěyǐ guò shēngri liǎng cì, shì zhēn de ma?
   我听说中国人一年可以过生日两次，是真的吗？

6) Jīntiān āyí bǎ wǒ de chènshān méi guà zài wǒ zhàngfu de guìzi li.
   今天阿姨把我的衬衫没挂在我丈夫的柜子里。

7) Suīrán nǐ shì shàng ge xīngqī gāngcái lái wǒmen bùmén de, dànshì nǐ yě bù yīnggāi yí wèn sān bù zhī a.
   虽然你是上个星期刚才来我们部门的，但是你也不应该一问三不知啊。

6 根据实际情况回答问题。

Answer the following questions.

実際状況に基づいて、質問に答えなさい。

1) Nǐ zhīdao Zhōngguó yǒu jǐ ge chángjià ma? Nǐ yìbān zěnme guò zhèxiē chángjià?
   你知道中国有几个长假吗？你一般怎么过这些长假？

2) Nǐ yìbān zěnme qù lǚyóu, gēn tuán háishi zìyóu xíng ne? Nǐ gēn lǚyóutuán lǚyóuguo ma?
   你一般怎么去旅游，跟团（to join a group，グループ旅行）还是自由行（free travel，一人旅）呢？你跟旅游团旅游过吗？

3) Nǐ yìbān zěnme dìng jīpiào hé jiǔdiàn? Dǎ diànhuà、shàngwǎng、zhǎo lǚxíngshè, háishi bié de?
   你一般怎么订机票和酒店？打电话、上网、找旅行社，还是别的？

Unit 5 I never join a tourist group

4) 在你的国家，现在流行去哪里旅游？
   Zài nǐ de guójiā, xiànzài liúxíng qù nǎli lǚyóu?

5) 在中国你对什么地方最了解？那里有哪些旅游景点？
   Zài Zhōngguó nǐ duì shénme dìfang zuì liǎojiě? Nàli yǒu nǎxiē lǚyóu jǐngdiǎn?

   如果你的朋友来中国，你会带他们去哪里玩？
   Rúguǒ nǐ de péngyou lái Zhōngguó, nǐ huì dài tāmen qù nǎli wán?

7 阅读短文并回答问题。

Read the following passage and answer the questions.

次の短文を読んで、質問に答えなさい。

"跟团"还是"自由行"？
"Gēn tuán" háishi "zìyóu xíng"?

现在的中国人越来越爱出国旅游了。开始是去新马泰（新加坡、马来西亚和泰国），现在流行去的地方是欧洲①。
Xiànzài de Zhōngguórén yuèláiyuè ài chūguó lǚyóu le. Kāishǐ shì qù Xīn-Mǎ-Tài (Xīnjiāpō、Mǎláixīyà hé Tàiguó), xiànzài liúxíng qù de dìfang shì Ōuzhōu.

有些人喜欢"跟团"（跟旅游团），他们觉得跟团方便、安全②，吃什么、住在哪里都不用担心。他们常常一次旅游去很多地方，比如"欧洲八国十日游""新马泰五日游"什么的。差不多一天去一个国家。老是早上五六点就起床，晚上八九点才回到酒店。虽然去了很多地方，但是对这些地方一点儿都不了解。差不多是"上车睡觉，下车拍照"。一大批人从车上下来，排队拍了照，再上车去另③一个景点。结果旅游回来，看起来是去了很多地方，可是如果问他们那些地方有什么特别的东西或者不一样的

第五课 我从不参加旅游团

第五課　私はツアーには参加しません

wénhuà, á, shénme dōu xiǎng bù qǐlái le, zhǐ néng gěi nǐ kànkan zhàopiānr, gàosu
文化，啊，什么 都 想 不 起来 了，只 能 给 你 看看 照片儿，告诉
nǐ tā qùguo zhège dìfang le. Zhèyàng lǚyóu zhǐshì gǎn jǐngdiǎn, qíshí yìdiǎnr yìsi
你他 去过 这个 地方 了。这样 旅游 只是 赶 景点，其实 一点儿 意思
dōu méiyou.
都 没有。
　　Yǒuxiē rén gèng xǐhuan "zìyóu xíng", jiùshì bù gēn tuán, zìjǐ qù. Duì tāmen lái
　　有些 人 更 喜欢 "自由 行"，就是 不 跟 团，自己 去。对 他们 来
shuō, lǚyóu kěyǐ fēngfù zìjǐ de jīnglì, rènshi gèng duō de péngyou. Yǒu qián de rén
说，旅游 可以 丰富 自己 的 经历，认识 更 多 的 朋友。有 钱 的 人
yìbān zuò fēijī、zhù jiǔdiàn. Méi qián de jiù zuò huǒchē, bēi④zhe bāo dàochù zǒuzou-
一般 坐 飞机、住 酒店。没 钱 的 就 坐 火车，背 着 包 到处 走走
kànkan. Niánqīngrén xǐhuan qù de dìfang yìbān shì Yúnnán⑤ hé Xīzàng, tèbié shì
看看。 年轻人 喜欢 去 的 地方 一般 是 云南 和 西藏，特别 是
Lìjiāng⑥. Yǒu bù shǎo rén xǐhuan zhù zài Lìjiāng, yīnwei Lìjiāng de fēngjǐng tài
丽江。 有 不 少 人 喜欢 住 在 丽江，因为 丽江 的 风景 太
piàoliang le, ràng tāmen wánquán wàngle fánnǎo⑦.
漂亮 了，让 他们 完全 忘了 烦恼。

① 欧洲	Ōuzhōu	Europe	ヨーロッパ
② 安全	ānquán	safe	安全だ
③ 另	lìng	other; another	別の、ほかの
④ 背	bēi	to carry on the back	背負う
⑤ 云南	Yúnnán	Yunnan	雲南
⑥ 丽江	Lìjiāng	Lijiang	麗江
⑦ 烦恼	fánnǎo	worry; vexation	悩み

1) Zài Zhōngguó, wèishénme yǒuxiē rén xǐhuan gēn tuán lǚxíng? Wèishénme yǒuxiē
　 在 中国， 为什么 有些 人 喜欢 跟 团 旅行？为什么 有些
　 rén gèng xǐhuan zìyóu xíng?
　 人 更 喜欢 自由 行？
2) Zhōngguórén qù lǚxíng de shíhou tèbié xǐhuan pāizhào, nǐ xǐhuan ma?
　 中国人 去 旅行 的 时候 特别 喜欢 拍照，你 喜欢 吗？
3) Nǐ zuì xǐhuan Zhōngguó de nǎge dìfang? Wèishénme?
　 你 最 喜欢 中国 的 哪个 地方？ 为什么？

Nǐ zuì xǐhuan de guójiā shì nǎge guójiā? Wèishénme?
4) 你 最 喜欢 的 国家 是 哪个 国家？ 为什么？

8 课堂活动。

Practice in class.

練習。

1) 把学生分成两组，以"跟团旅游和自由行哪一种更好"为题，开展辩论。

2) 请学生准备照片或图片，介绍去过的一个景点。

3) 请学生组织一个旅游团去他/她的国家的一个有名的景点。

  a. 准备资料、照片等，向大家做景点介绍；

  b. 做一个行程安排及费用报告；

  c. 说服大家报名跟团。

| Tīnglì 听力 | Listening ヒアリング |

第五课　我从不参加旅游团

Tīng lùyīn, wánchéng jùzi.

1 听 录音, 完成 句子。

Míngtiān shì zhōumò, _____, tài hǎo le!
1) 明天 是 周末, _____, 太 好 了！

_____, zěnme bàn?
2) _____, 怎么 办？

Xīwàng _____.
3) 希望 _____。

Wǒ _____, nǐ hái bù xiāngxìn!
4) 我 _____, 你 还 不 相信！

Gēn tuán qù lǚyóu _____!
5) 跟 团 去 旅游 _____！

Tīng duìhuà, xuǎnzé zhèngquè de dá'àn.

2 听 对话, 选择 正确 的 答案。

   qù nǚ de jiāli   zài zìjǐ jiāli
1) A. 去 女 的 家里   B. 在 自己 家里

103

第五課　私はツアーには参加しません

2）A. xiě yóujiàn
　　写　邮件
　　B. xiě bàogào
　　写　报告

3）A. dǎ yóuxì huòzhě kàn diànshì
　　打 游戏 或者 看 电视
　　B. xiě zuòyè
　　写 作业

4）A. kàn le
　　看 了
　　B. méi kàn
　　没 看

5）A. dìtiě li
　　地铁 里
　　B. chūzūchē li
　　出租车 里

3 Tīng duìhuà, huídá wèntí.
听　对话，回答 问题。

1）Nán de jǐ hào qù Huángshān? Shì xīngqī jǐ?
　　男 的 几 号 去 黄山？ 是 星期 几？

2）Nán de mǎi jǐ zhāng piào?
　　男 的 买 几 张 票？

3）Yígòng duōshǎo qián?
　　一共 多少 钱？

4）Piào yào jǐ diǎn sòngdào?
　　票 要 几 点 送到？

5）Piào sòngdào nǎli?
　　票 送到 哪里？

Nǐ xūyào zhīdao de shēnghuó Hànzì
你 需要 知道 的　生活　汉字
The Chinese Characters You Need to Know
知っておくべき生活中の漢字

机场的这些指示牌你认识吗？

Do you know what these signs in an airport mean?

次の空港の看板はどういう意味なのか。

① 问讯 Information

② 办票柜台 61 Check-in Counter

104

Unit 5　I never join a tourist group

① 问讯（wènxùn，inquire，案内所）
② 办票柜台（bànpiào guìtái，check-in counter，チェックインカウンター）
③ 中国南方航空（Zhōngguó Nánfāng Hángkōng，China Southern Airlines，中国南方航空）
④ 安全检查（ānquán jiǎnchá，security check，安全検査、セキュリティーチェック）

问　讯　办　票　航　空　检　查

Nǐ xūyào zhīdao de Zhōnghuá chéngyǔ
你 需要 知道 的 中华 成语
The Chinese Idioms You Need to Know
知っておくべき中国成語

huǒshàng-jiāoyóu
火上 浇油

"火上浇油"比喻使人更加愤怒或使事态更加恶化。

'Huǒshàng-jiāoyóu' means 'to pour oil on the fire'. It is a metaphor that is used to describe to boost the morale of someone's anger or to encourage a negative trend.

火に油を注ぐ。人をますます怒らせる。事態の発展を悪化させる。

huǒ：fire　　　　　　yóu：oil；gasoline
火：火　　　　　　　油：油

例：① Tā yǐjīng qìsǐ le. Zhège huài xiāoxi háishi míngtiān gàosu tā ba. Xiànzài qù shuō, nà zhēnshi huǒshàng-jiāoyóu.
　　他 已经 气 死 了。这个 坏 消息 还是 明天 告诉 他 吧。现在 去 说，那 真是 火上 浇油。

② Jīnglǐ yǐjīng hěn bù gāoxìng le, nǐ háishi bié huǒshàng-jiāoyóu le.
　　经理 已经 很 不 高兴 了，你 还是 别 火上 浇油 了。

Dì-liù Kè 第六课 Unit 6 第六课

Yílùshang shùnlì ma?
一路上 顺利 吗？
Did everything go well on the trip?
道中順調でしたか

Kèwén 课文

Wáng Huì: Diǎnzǐ, nǐ huílai la. Nǐmen qù Guìlín wánr de kāixīn
王 慧：典子，你 回来 啦。你们 去 桂林 玩儿 得 开心
ma? Yílùshang shùnlì ma?
吗？一路上 顺利 吗？

Diǎnzǐ: Wǒmen wánr de tǐng kāixīn de, Guìlín de fēngjǐng
典子： 我们 玩儿 得 挺 开心 的，桂林 的 风景
zhēnshi "jiǎ tiānxià"! Búguò, wǒmen yě pèngdàole
真是 "甲 天下"！ 不过， 我们 也 碰到了

107

　　　　　　hěn duō máfan shì.
　　　　　　很 多 麻烦 事。

Wáng Huì: zěnme le?
王　慧：怎么 了？

Diǎnzǐ:　Wǒ qù yǐqián, ràng lǚxíngshè bāng wǒ dìngle yí gè
典子：　我 去 以前，让 旅行社 帮 我 订了 一 个
　　　　fángjiān, kěshì dàole nàli yǐhòu, fāxiàn fángjiān méi le.
　　　　房间，可是 到了 那里 以后，发现 房间 没 了。

Wáng Huì: Zěnme huì zhèyàng?
王　慧：怎么 会 这样？

Diǎnzǐ:　Qiántái de fúwùyuán chále hěn jiǔ, hòulái cái fāxiàn shì
典子：　前台 的 服务员 查了 很 久，后来 才 发现 是
　　　　lǚxíngshè bǎ wǒ de míngzi xiěcuò le.
　　　　旅行社 把 我 的 名字 写错 了。

Wáng Huì: Ò, yuánlái shì zhèyàng. Lǚxíngshè de rén tài cūxīn le.
王　慧：哦，原来 是 这样。旅行社 的 人 太 粗心 了。

Diǎnzǐ:　Shì a! Dì-èr tiān wǒmen chūqu wánr, yòu chàdiǎnr
典子：　是 啊！第二 天 我们 出去 玩儿，又 差点儿
　　　　bǎ shùmǎ shèxiàngjī nòngdiū le.
　　　　把 数码 摄像机 弄丢 了。

Wáng Huì: Shénme? Zěnme huí shì?
王　慧：什么？怎么 回 事？

Diǎnzǐ:　Zhè cì shì wǒ de cuò. Wǒmen zài yì jiā fàndiàn chī
典子：　这 次 是 我 的 错。我们 在 一 家 饭店 吃
　　　　zhōngfàn de shíhou, wǒ bǎ shèxiàngjī fàng zài yǐzi
　　　　中饭 的 时候，我 把 摄像机 放 在 椅子
　　　　shang, hòulái wàngle ná le.
　　　　上，后来 忘了 拿 了。

Wáng Huì: Yuánlái nǐ yě hěn cūxīn a!
王 慧：原来 你 也 很 粗心 啊！

Diǎnzǐ: Shì a! Hái hǎo, wǒ huíqu zhǎo de shíhou, fàndiàn de jīnglǐ bǎ shèxiàngjī huángěi wǒ le. Jīnglǐ shuō shì fúwùyuán jiāogěi tā de.
典子：是 啊！还 好，我 回去 找 的 时候，饭店 的 经理 把 摄像机 还给 我 了。经理 说 是 服务员 交给 他 的。

Wáng Huì: Nǐ de yùnqi zhēn búcuò!
王 慧：你 的 运气 真 不错！

Diǎnzǐ: Shì a! Hòulái wǒ yào gěi nàge fúwùyuán xiǎofèi, tā bù kěn yào, shuō zhè shì tā yīnggāi zuò de, wǒ zhēn gǎnxiè tā! Búguò zhè cì chūqu yě yǒu bù kāixīn de shíhou, bǐrúshuō yǒu jiàn shì wǒ nòng bù míngbai, wèishénme wǒmen zài shìchǎng li guàng de shíhou, lǎoshi yǒu rén bǎ wǒmen lánzhù, hái yǒu rén mō wǒ háizi de liǎn, wǒ zhēn yǒudiǎnr shēngqì.
典子：是 啊！后来 我 要 给 那个 服务员 小费，他 不 肯 要，说 这 是 他 应该 做 的，我 真 感谢 他！不过 这 次 出去 也 有 不 开心 的 时候，比如说 有 件 事 我 弄 不 明白，为什么 我们 在 市场 里 逛 的 时候，老是 有 人 把 我们 拦住，还 有 人 摸 我 孩子 的 脸，我 真 有点儿 生气。

Wáng Huì: Tāmen kěnéng xīwàng nǐ mǎi tāmen de dōngxi. Yǒu shíhou Zhōngguórén juéde xiǎoháizi hěn kě'ài, yě huì
王 慧：他们 可能 希望 你 买 他们 的 东西。有 时候 中国人 觉得 小孩子 很 可爱，也 会

第六課　道中順調でしたか

	mōmo háizi de liǎn. 摸摸　孩子　的　脸。
Diǎnzǐ: 典子:	Yuánlái shì zhèyàng. Kěshì wǒ bù xiǎng mǎi tāmen de 原来　是　这样。可是　我　不　想　买　他们　的 dōngxi, yě bù xíguàn biéren mō wǒ háizi de liǎn. Wǒ 东西，也　不　习惯　别人　摸　我　孩子　的　脸。我 néng zhíjiē gàosu tāmen wǒ de xiǎngfǎ ma? 能　直接　告诉　他们　我　的　想法　吗？
Wáng Huì: 王　慧:	Nǐ kěyǐ gàosu tāmen "Duìbuqǐ, wǒ bú yào zhège!" 你　可以　告诉　他们"对不起，我　不　要　这个！" huòzhě "Duìbuqǐ, wǒ de háizi bù xǐhuan biéren pèng 或者"对不起，我　的　孩子　不　喜欢　别人　碰 tāmen!" Nà nǐmen huílai de shíhou shùnlì ma? 他们！"那　你们　回来　的　时候　顺利　吗？
Diǎnzǐ: 典子:	Āiyā, bié tí le, suīrán wǒ yǐjīng tíqián dìng piào le, 哎呀，别　提　了，虽然　我　已经　提前　订　票　了， kě háishi méi mǎidào, bùdebù yòu děngle yì tiān. 可　还是　没　买到，不得不　又　等　了　一　天。
Wáng Huì: 王　慧:	hái hǎo hái hǎo. 还　好　还　好。

Shēngcí 生词　　Vocabulary 単語

1. 顺利	shùnlì	smoothly	順調
2. 开心	kāixīn	happy; to feel happy	楽しい
3. 发现	fāxiàn	to discover; to find	発見する、気づく
4. 前台	qiántái	reception	フロント
5. 服务员	fúwùyuán	waiter; waitress	接客係り
6. 查	chá	to check; to look into	調べる

110

7. 原来	yuánlái	as it turns out to be	~だったのか
8. 粗心	cūxīn	careless	そそっかしい
9. 数码	shùmǎ	digital	デジタル
10. 摄像机	shèxiàngjī	video camera	ビデオカメラ
11. 丢	diū	to lose	失う、なくす
12. 交	jiāo	to hand in	渡す
13. 运气	yùnqi	luck; fortune	運
14. 小费	xiǎofèi	tip	チップ
15. 肯	kěn	to be willing to; to agree	承諾する
16. 拦住	lánzhù	to hold up; to hold back	止める
17. 摸	mō	to touch	触る
18. 脸	liǎn	face	顔
19. 提前	tíqián	ahead of schedule	前もって

第六课 ——一路上顺利吗？

Kèwén
课文

二

Jīnnián de "Wǔ-Yī" chángjià wǒ hé péngyou qù Dàlián lǚyóu
今年 的 "五一" 长假 我 和 朋友 去 大连 旅游

第六課　道中順調でしたか

le. Suīrán kāishǐ de shíhou pèngdàole yìxiē wèntí, dàn háishi wán
了。虽然 开始 的 时候 碰到了 一些 问题，但 还是 玩
de hěn kāixīn. Wǒmen yí xiàle fēijī jiù qù jiǔdiàn, kěshì yīnwei
得 很 开心。我们 一下了 飞机 就 去 酒店，可是 因为
cūxīn, bǎ jiǔdiàn de dìzhǐ jìcuò le, zhǎole hěn jiǔ yě méi
粗心，把 酒店 的 地址 记错 了，找了 很 久 也 没
zhǎodào, hòulái gěi jiǔdiàn dǎle diànhuà cái zhǎodào. Jiǔdiàn yòu
找到，后来 给 酒店 打了 电话 才 找到。酒店 又
piàoliang yòu qìpài, fángjiān li hái kěyǐ shàngwǎng. Yǒu yí cì,
漂亮 又 气派，房间 里 还 可以 上网。有 一 次，
wǒ xiǎng bǎ zhàopiānr fāgěi wǒ māma, kěshì bù zhīdao
我 想 把 照片儿 发给 我 妈妈，可是 不 知道
wèishénme wǎngluò bù néng yòng, wǒ zhǐhǎo gěi qiántái dǎ
为什么 网络 不 能 用，我 只好 给 前台 打
diànhuà. Nà shí dōu shí'èr diǎn le, kě fúwùyuán háishi mǎshàng
电话。那时 都 十二 点 了，可 服务员 还是 马上
lái bǎ tā xiūhǎo le. Nàli de fúwù zhēn búcuò!
来把 它 修好 了。那里的 服务 真 不错！
　　Zhè cì lǚyóu, yīnwei wǒ de Zhōngwén bú tài hǎo, hái nàole
　　这 次 旅游，因为 我 的 中文 不太 好，还 闹了
yìxiē xiàohua. Yì tiān wǒ yí gè rén zuò chuán qù kàn hǎi. Zài
一些 笑话。一 天 我 一 个 人 坐 船 去 看 海。在
chuán shang, wǒ xiǎng wèn: "Nǐmen shénme shíhou kāi chuán?"
船 上，我 想 问："你们 什么 时候 开 船？"
Kěshì wǒ de fāyīn bú tài hǎo, méi bǎ "chuán" shuō qīngchu,
可是 我 的 发音 不太 好，没 把 "船" 说 清楚，
fúwùyuán yǐwéi shì "chuāng", mǎshàng bǎ chuāng dǎkāi le. Wǒ
服务员 以为 是 "窗"，马上 把 窗 打开 了。我
shuō: "Bú shì, bú shì, shì kāi chuán." Jiéguǒ bǎ fúwùyuán nòng
说："不是，不是，是 开 船。" 结果 把 服务员 弄

112

Unit 6 Did everything go well on the trip?

hútu le. Hái hǎo pángbiān yǒu yí wèi nǚháizi míngbaile wǒ de
糊涂了。还好 旁边 有 一 位 女孩子 明白了 我 的
yìsi, gàosule fúwùyuán, zhè ràng wǒ hěn bù hǎo yìsi.
意思,告诉了 服务员, 这 让 我 很 不 好 意思。
Zhè cì lǚyóu zhēn shì yí cì yǒu yìsi de jīnglì.
这 次 旅游 真 是 一 次 有 意思 的 经历。

	Shēngcí 生词		Vocabulary 单語

1.	记	jì	to remember	覚える
2.	气派	qìpài	impressive; imposing	立派
3.	上网	shàngwǎng	to use internet	インターネットを使う
4.	网络	wǎngluò	network; web	ネット
5.	闹笑话	nào xiàohua	make a laughing stock of oneself due to carelessness, lack of experience or knowledge	恥をかく
6.	船	chuán	boat; ship	舟
7.	清楚	qīngchu	clear; explicit	はっきり
8.	糊涂	hútu	confused	こんがらがる

Zhùshì 注释	Notes 解釈

Lǚxíngshè bǎ wǒ de míngzi xiěcuò le.
① 旅行社 把 我 的 名字 写错 了。

"把+名词+动词+补语"这一结构强调某个事物的状态因某个动作而发生了变化。

The structure 'bǎ + n. + v. + complement' is used to emphasize that the state of something is changed by an action.

「把+名詞+動詞+補語」の文型において、物事の状態がある動作によって、変化したことを強調する。

第六课 一路上顺利吗？

第六課　道中順調でしたか

例：
1) Qǐng nǐ bǎ fángjiān de mén guānhǎo.
   请 你 把 房间 的 门 关好。

2) Tā bǎ yīfu xǐ gānjìng le.
   她 把 衣服 洗 干净 了。

3) Shuí bǎ zhàoxiàngjī nònghuài le?
   谁 把 照相机 弄坏 了？

2 Yuánlái nǐ yě hěn cūxīn a!
原来 你 也 很 粗心 啊！

"原来"表示发现了以前不知道的事实，有恍然大悟的意思。

'Yuánlái' is used to express that one suddenly finds the fact that he hasn't been aware of before.

「原来」は前は知らなかった事実に気づいたという意味で、はっと悟るというニュアンスがある。

例：
1) Zhèli zhème ānjìng, yuánlái rén dōu zǒu le.
   这里 这么 安静，原来 人 都 走 了。

2) Wǒ cái zhīdao Dàwèi wèishénme zuìjìn méi lái shàngbān, yuánlái tā tiàocáo le.
   我 才 知道 大卫 为什么 最近 没来 上班，原来 他 跳槽 了。

3) Yuánlái nǐ yě xǐhuan yǎng gǒu, zhēnshi tài hǎo le.
   原来 你 也 喜欢 养 狗，真是 太 好 了。

3 Hái hǎo, wǒ huíqu zhǎo de shíhou, fàndiàn de jīnglǐ bǎ shèxiàngjī huángěi wǒ le.
还好，我 回去 找 的 时候，饭店 的 经理 把 摄像机 还给 我 了。

"还好"表示在不好的情况下还算幸运，事情还有挽回的余地。

'Hái hǎo' means 'fortunately', used to express that there is still something lucky to retrieve something from a bad situation.

「还好」は悪い状況の中まだほんの少し幸いなことがあり、まだ挽回する余地があるという意味を表す。

例：
1) Jīntiān xiàyǔ, dǎ bú dào chē, hái hǎo wǒ péngyou yǒu chē, bǎ wǒ sòngdàole
   今天 下雨，打 不 到 车，还 好 我 朋友 有 车，把 我 送到 了

gōngsī.
公司。

2) Chūmén de shíhou wǒmen wàngle dài yàoshi, hái hǎo āyí
出门 的 时候 我们 忘了 带 钥匙（key,鍵），还 好 阿姨
nàli hái yǒu.
那里 还 有。

3) Dàwèi diūle hùzhào, hái hǎo diū zài le chūzūchē shang, hòulái sījī
大卫 丢了 护照，还 好 丢 在 了 出租车 上，后来 司机
huángěile tā.
还给了 他。

4 Wǒ huíqu zhǎo de shíhou, fàndiàn de jīnglǐ bǎ shèxiàngjī huángěi wǒ le.
我 回去 找 的 时候，饭店 的 经理 把 摄像机 还给 我 了。

"v.＋来"表示动作朝着说话人所在的地方，"v.＋去"表示随动作离开说话人原来的地方。

'V.＋lai' indicates motion towards the speaker, and 'v.＋qu' suggests movement away from the speaker in the middle of an action.

「動詞＋来」は動作の方向が話し手のいるところに向っているという意味を表す。「動詞＋去」は動作の方向が話し手のもとから離れるという意味を表す。

◆ huílai/huíqu
回来/回去

come back / go back

戻ってくる/戻っていく

例：A： Nǐ shénme shíhou huílai? Wǒ děng nǐ chī wǎnfàn.
你 什么 时候 回来？我 等 你 吃 晚饭。

B： Dàgài qī diǎn néng huíqu. Nǐ è jiù xiān chī ba.
大概 七 点 能 回去。你 饿 就 先 吃 吧。

◆ shànglai/shàngqu
上来 / 上去

come up / go up

上がって来る/上がっていく

例：A： Wǒmen bú zài shíyī lóu, zài shíqī lóu, nǐ kuài shànglai.
我们 不 在 十一 楼，在 十七 楼，你 快 上来。

第六课 一路上顺利吗？

第六課　道中順調でしたか

　　　　　　Hǎo, wǒ mǎshàng shàngqu.
　　B：好，我　马上　上去。

xiàlai/xiàqu
◆ 下来/下去

come down / go down

降りて来る/降りていく

　　　　　　Nǐ shénme shíhou xiàlai? Wǒmen zài yī lóu dàtáng děng nǐ.
　例：A：你　什么　时候　下来？我们　在一楼　大堂　等　你。
　　　　　　Wǒ mǎshàng xiàqu!
　　B：我　马上　下去！

jìnlai/jìnqu
◆ 进来/进去

come in / go in

入ってくる/入っていく

　　　　　　Wàibiān xiàyǔ le, kuài jìnlai!
　例：A：外边　下雨了，快　进来！
　　　　　　Ǹg, wǒ shōuhǎo yīfu jiù jìnqu.
　　B：嗯，我　收好　衣服就　进去。

chūlai/chūqu
◆ 出来/出去

come out / go out

出てくる/出ていく

　　　　　　Nǐ kuài chūlai, wǒ zài wàibian děng nǐ.
　例：A：你　快　出来，我在　外边　等　你。
　　　　　　Hǎo, wǒ zhè jiù chūqu.
　　B：好，我　这　就　出去。

guòlai/guòqu
◆ 过来/过去

come over / go over

やってくる/やっていく

　　　　　　Xiǎo Wáng, guòlai yíxiàr, yǒu nǐ de diànhuà.
　例：A：小　王，过来　一下儿，有　你的　电话。
　　　　　　Xièxie, wǒ mǎshàng guòqu.
　　B：谢谢，我　马上　过去。

116

Unit 6　Did everything go well on the trip?

Liànxí 练习 / Exercises 練習

1 连词成句。

Organize the following sentences.

次の単語を使って、文を作りなさい。

1) wǒ de lǔxíngshè cuò bǎ xiě le míngzi
   我 的　旅行社　　错　把　写　了　名字
   _____

2) le chàdiǎnr wǒmen diū shèxiàngjī bǎ nòng shùmǎ
   了　差点儿　　我们　　丢　摄像机　　　把　弄　　数码
   _____

3) hǎo fúwùyuán le bǎ xiū wǎngluò mǎshàng
   好　　服务员　　了　把　修　网络　　　马上
   _____

4) bǎ māma xiǎng Lǐ Qiáng gěi zhàopiānr bù fā
   把　妈妈　　想　　李 强　　给　照片儿　　　不　发
   _____

5) méi qīngchu yìsi bǎ Jiékè shuō
   没　　清楚　　意思　把　杰克　说
   _____

2 选词填空。

Fill in the blanks with the proper words given.

適当な単語を選んで、文を完成しなさい。

| pèng | pèngdào |
| 碰 | 碰到 |

1) Wǒ de háizi bù xǐhuan biéren _____ tā de tóu.
   我 的 孩子 不 喜欢 别人 _____ 她 的 头。

2) Wǒ gāng chūqu jiù _____ le xiàbān huílai de bàba.
   我 刚　出去 就 _____ 了 下班 回来 的 爸爸。

3) Āyí, qǐng nǐ bié _____ zhuōzi shang de zīliào, nòngluànle jiù zāogāo le.
   阿姨，请 你 别 _____ 桌子 上 的 资料，弄乱 了 就 糟糕 了。

4) Xīngqītiān wǒ hé háizi qù gōngyuán wán, _____ le háizi xuéxiào de lǎoshī.
   星期天 我 和 孩子 去 公园 玩，_____ 了 孩子 学校 的 老师。

fāxiàn	yuánlái	kāixīn	shùnlì	cūxīn	juédìng	yùnqi
发现	原来	开心	顺利	粗心	决定	运气

5) Shǔjià de shíhou, hé péngyoumen yìqǐ chūqu lǚyóu shì zuì _____ de shì le.
   暑假 的 时候，和 朋友们 一起 出去 旅游 是 最 _____ 的 事 了。
   Qùnián xiàtiān wǒmen qùle Dàlián. Yílù dōu hěn _____, xiàle fēijī, wǒmen
   去年 夏天 我们 去了 大连。一路 都 很 _____，下了 飞机，我们
   láidào jiǔdiàn, _____ wǒmen yùdìng de fángjiān yǐjīng méiyou le. _____
   来到 酒店，_____ 我们 预订 的 房间 已经 没有 了。_____
   shì jiǔdiàn de fúwùyuán _____, bǎ wǒmen de fángjiān nòngcuò le. Wǒmen
   是 酒店 的 服务员 _____，把 我们 的 房间 弄错 了。我们
   hěn shēngqì, _____ huàn yì jiā jiǔdiàn. Hòulái wǒmen zài hǎibiān de yì jiā
   很 生气，_____ 换 一 家 酒店。后来 我们 在 海边 的 一 家
   jiǔdiàn zhǎodàole héshì de fángjiān. Dì-èr tiān wǒmen de _____ hěn hǎo,
   酒店 找到了 合适 的 房间。第二 天 我们 的 _____ 很 好，
   kàndàole rì chū. Zhè cì lǚyóu wǒmen hái rènshile hěn duō xīn péngyou, zài huílai
   看到了 日 出。这 次 旅游 我们 还 认识了 很 多 新 朋友，在 回来
   de lùshang, wǒmen yìqǐ liáotiān, zhēn yǒuyìsi.
   的 路上，我们 一起 聊天，真 有意思。

3 看图选词填空。

Fill in the blanks with the proper words given according to the pictures.
図に基づいて、文を完成しなさい。

1)

dàilai	dàiqu
带来	带去

Unit 6　Did everything go well on the trip?

Mùcūn:　Wèi, Zhāng Yīng nǐ hǎo, wǒ bǎ yí fèn wénjiàn wàng zài gōngsī le,
木村：　喂，张 樱 你好，我把一份 文件 忘 在 公司 了，
　　　máfan nǐ lái de shíhou gěi wǒ _____.
　　　麻烦 你来的 时候 给 我 _____。

Zhāng Yīng:　Mùcūn xiānsheng qǐng fàngxīn. Wǒ yídìng gěi nín _____.
张　樱：　木村 先生 请 放心。我 一定 给 您 _____。

2)

huílai	huíqu
回来	回去

Mùcūn:　Wèi, Diǎnzǐ, wǒ jīntiān wǎnshang yào jiābān, bù néng _____ chīfàn le.
木村：　喂，典子，我 今天 晚上 要 加班，不 能 _____ 吃饭 了。
Diǎnzǐ:　Hǎo, wǒ zhīdao le. Kěshì nǐ de gǎnmào gāng hǎo, zuìhǎo zǎo yìdiǎnr
典子：　好，我 知道 了。可是 你 的 感冒 刚 好，最好 早 一点儿
　　　_____ xiūxi.
　　　_____ 休息。

3)

jìnlai	jìnqu	chūlai	chūqu
进来	进去	出来	出去

第六课　一路上顺利吗？

第六課　道中順調でしたか

Nánhái: Wàimian xiàxuě le, nǐ kuài _____ ba.
男孩：　外面　下雪　了，你　快　_____ 吧。

Nǚhái: Wǒ bú _____. Xiàxuě zhēn yǒu yìsi, nǐ _____ gēn wǒ yìqǐ
女孩：　我　不 _____。下雪　真　有意思，你 _____ 跟　我　一起
wán ba.
玩　吧。

Nánhái: Wǒ pà lěng, bù xiǎng _____.
男孩：　我　怕　冷，不　想 _____。

4)

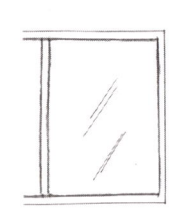

| shànglai | shàngqu | xiàlai | xiàqu |
| 上来 | 上去 | 下来 | 下去 |

Wáng Huì: Lǐ Qiáng, nǐ kuài _____ yí tàng.
王　慧：　李　强，你　快 _____ 一　趟。

Lǐ Qiáng: Wǒ zhèngzài zuòfàn ne. Nǐ xiān _____ zài shuō.
李　强：　我　正在　做饭　呢。你　先 _____ 再　说。

Wáng Huì: Wǒ gāng qù chāoshì mǎile hěn duō dōngxi, nǐ kuài lái bāng wǒ
王　慧：　我　刚　去　超市　买了　很　多　东西，你　快　来　帮　我
yìqǐ bǎ dōngxi ná _____.
一起　把　东西　拿 _____。

Lǐ Qiáng: Hǎo, wǒ mǎshàng jiù _____.
李　强：　好，我　马上　就 _____。

4 用所给的词完成句子。

Complete the following sentences with the words given.

Unit 6   Did everything go well on the trip?

括弧の中の単語を使って、文を完成しなさい。

1) Jīntiān wǒ bǎ shùmǎ shèxiàngjī nòngdiūle, ＿＿＿＿＿＿＿＿＿＿.(hái hǎo)
今天 我 把 数码 摄像机 弄丢了, ＿＿＿＿＿＿＿＿＿。(还 好)

2) Zuótiān wǒ qù fàndiàn chīfàn de shíhou wàngle dài qiánbāo, ＿＿＿＿＿
昨天 我 去 饭店 吃饭 的 时候 忘了 带 钱包, ＿＿＿＿＿
＿＿＿＿＿＿＿＿＿＿＿＿＿＿＿＿＿＿＿＿＿＿＿.(hái hǎo)
＿＿＿＿＿＿＿＿＿＿＿＿＿＿＿＿＿＿＿＿＿＿＿。(还 好)

3) Jīntiān, Lǐ Qiáng qù mǎi huǒchēpiào de shíhou, wòpùpiào yǐjīng méiyou le,
今天, 李 强 去 买 火车票 的 时候, 卧铺票 已经 没有 了,
＿＿＿＿＿＿＿＿＿＿＿＿＿＿＿＿＿＿＿＿＿＿＿.(hái hǎo)
＿＿＿＿＿＿＿＿＿＿＿＿＿＿＿＿＿＿＿＿＿＿＿。(还 好)

4) Wǒ hái yǐwéi tā shì nǐ mèimei, ＿＿＿＿＿＿＿＿＿＿＿＿＿.(yuánlái)
我 还 以为 她 是 你 妹妹, ＿＿＿＿＿＿＿＿＿＿＿＿＿。(原来)

5) Wǒ gāng zhīdao tā wèishénme bù gāoxìng, ＿＿＿＿＿＿＿＿＿＿＿
我 刚 知道 他 为什么 不 高兴, ＿＿＿＿＿＿＿＿＿＿＿
＿＿＿＿＿＿＿＿＿＿＿＿＿＿＿＿.(yuánlái)
＿＿＿＿＿＿＿＿＿＿＿＿＿＿＿＿。(原来)。

5 根据实际情况回答问题。

Answer the following questions.

実際の状況に基づいて、質問に答えなさい。

1) Lǚyóu de shíhou, nǐ duì shénme shìqing zuì yǒu xìngqù? Pāizhào、mǎi dōngxi、
旅游 的 时候, 你 对 什么 事情 最 有 兴趣? 拍照、买 东西、
chīfàn、hé dāngdìrén   liáotiān, háishi bié de? Wèishénme?
吃饭、和 当地人（local people, 地元の人）聊天, 还是 别 的? 为什么?

2) Zài nǐ de guójiā, rénmen jīngcháng gěi xiǎofèi ma? Wèishénme yào gěi / bù gěi
在 你 的 国家, 人们 经常 给 小费 吗? 为什么 要 给 / 不 给
xiǎofèi?
小费?

3) Zài Zhōngguó lǚyóu de shíhou, nǐ pèngdàoguo bú shùnlì de shì ma? Nǐ shì zěnme
在 中国 旅游 的 时候, 你 碰到过 不 顺利 的 事 吗? 你 是 怎么
jiějué de?
解决 的?

4) Měi ge guójiā de rén dōu yǒu zìjǐ tèbié de wénhuà hé xíguàn, bǐrú,
每 个 国家 的 人 都 有 自己 特别 的 文化 和 习惯, 比如,
Zhōngguórén kànjiàn kě'ài de xiǎohái, zǒngshì xiǎng yào bàobao tāmen huòzhě
中国人 看见 可爱 的 小孩, 总是 想 要 抱抱 他们 或者

第六课　一路上顺利吗？

121

mōmo tāmen. Nǐ juéde Zhōngguórén hái yǒu nǎxiē hé nǐmen bù yíyàng de
摸摸 他们。你 觉得 中国人 还 有 哪些 和 你们 不 一样 的
wénhuà hé xíguàn?
文化 和 习惯?

6 改错。

Correct the following sentences.

間違いを直しなさい。

Běnlái nǐ huì shuō Yīngyǔ a, wǒ yǐwéi nǐ bú huì shuō Yīngyǔ ne.
1) 本来 你 会 说 英语 啊,我 以为 你 不 会 说 英语 呢。

Nǐ bǎ wǒ de shèxiàngjī bié nònghuài le.
2) 你 把 我 的 摄像机 别 弄坏 了。

Wǒ zhēn xiǎng lǚyóu qù Dàlián.
3) 我 真 想 旅游 去 大连。

Rúguǒ nǐ xiǎng zài "Wǔ-Yī" de shíhou chūqu lǚyóu, nǐ yīnggāi yí gè yuè tíqián
4) 如果 你 想 在 "五一" 的 时候 出去 旅游,你 应该 一 个 月 提前
dìng jiǔdiàn hé jīpiào.
订 酒店 和 机票。

Wǒ bǎ gōngzuò méi zuòwán.
5) 我 把 工作 没 做完。

7 阅读短文并回答问题。

Read the following passage and answer the questions.

次の短文を読んで、質問に答えなさい。

Mǎi yì zhāng piányi de jīpiào qù lǚyóu
买 一 张 便宜 的 机票 去 旅游

2005 nián, yǒu yì běn shū fēicháng liúxíng, jiào 《3000 měijīn ①, wǒ huányóu ② le
2005 年, 有 一 本 书 非常 流行, 叫《3000 美金, 我 环游 了
shìjiè ③》. Zhè běn shū de zuòzhě ④ zài 2002 nián huāle sānqiān měijīn, yòngle qīshíqī
世界》。 这 本 书 的 作者 在 2002 年 花了 三千 美金, 用了 七十七
tiān, qùle èrshíbā gè guójiā lǚyóu. Dàjiā dōu xiǎng zhīdao, wèishénme tā kěyǐ zhǐ
天, 去了 二十八 个 国家 旅游。大家 都 想 知道, 为什么 他 可以 只
huā zhème shǎo de qián què qùle nàme duō dìfang. Dá'àn ⑤ jiùshì: mǎi yì zhāng zuì
花 这么 少 的 钱 却 去了 那么 多 地方。答案 就是:买 一 张 最

Unit 6　Did everything go well on the trip?

便宜的机票和住青年旅社⑥！

怎么能买到一张便宜的机票呢？有的人喜欢查报纸上的广告⑦，有的人喜欢上网找，然后打电话一个一个去问："你们这里从北京到桂林的机票，最便宜的是多少钱？"虽然有点儿麻烦，但是经常可以买到打折的票。有时候广告上的价格看起来很便宜，但是打了电话以后，发现这个价格没有包括税⑧，结果交了税以后和没打折差不多。旺季的时候，肯定没有打折票。运气好的时候，会碰到三折的机票，那就太开心了！当然，便宜机票的时间一般都不太好，不是一大早就是晚上十一二点。不过省钱⑨第一，累一点儿没关系！

第六课　一路上顺利吗？

① 美金	měijīn	US dollar	米ドル
② 环游	huányóu	to travel around	周遊する
③ 世界	shìjiè	world	世界
④ 作者	zuòzhě	writer; author	作者
⑤ 答案	dá'àn	answer	答案、答え
⑥ 青年旅社	qīngnián lǚshè	youth hotel	ユースホステル
⑦ 广告	guǎnggào	advertisement	広告
⑧ 税	shuì	tax	税
⑨ 省钱	shěngqián	to save money	お金を節約する

1）你觉得花三千美金环游世界可能吗？

123

Nǐ qù nǎge guójiā lǚyóu huā de qián zuì shǎo?
2) 你 去 哪个 国家 旅游 花 的 钱 最 少?

Rúguǒ yào huā hěn shǎo de qián qù lǚyóu, nǐ yǒu shénme hǎo bànfǎ?
3) 如果 要 花 很 少 的 钱 去 旅游, 你 有 什么 好 办法?

Zěnme néng mǎidào piányi de jīpiào?
4) 怎么 能 买到 便宜 的 机票?

8 看图说话。

Describe the pictures.

図に基づいて、話しなさい。

1)　　　　　　　　2)　　　　　　　　3)

故宫　　　　　　　拉萨　　　　　　　兵马俑

9 课堂活动。

Practice in class.

練習。

请学生查找资料,设计一个本月从上海到北京七日游的详细计划(要求所有内容为真实的)。包括以下内容:

1) 机票:航空公司、航班、时间和费用

2) 每一天的住宿:酒店的名字、地址和费用

3) 每天三餐:吃什么、在哪里吃和费用

4) 每一天的行程:去哪里、坐什么车、做什么和费用

5) 购物:去哪里、买什么和费用

然后请每个学生介绍自己的旅游计划,评出最好的计划。

| Tīnglì 听力 | Listening ヒアリング |

Tīng lùyīn, wánchéng jùzi.
1 听 录音, 完成 句子。

Unit 6　Did everything go well on the trip?

1) ＿＿＿＿＿＿＿＿＿＿＿＿＿＿＿＿＿＿＿＿,xiànzài wǒ juédìng zài jiā shuìjiào.
　＿＿＿＿＿＿＿＿＿＿＿＿＿＿＿＿＿＿＿＿,现在 我 决定 在 家 睡觉。

2) ＿＿＿＿＿＿＿＿＿＿＿＿＿＿＿＿＿＿＿＿,zhēn qiǎo a, hǎo jiǔ bú jiàn le!
　＿＿＿＿＿＿＿＿＿＿＿＿＿＿＿＿＿＿＿＿,真 巧啊,好 久 不 见 了!

3) ＿＿＿＿＿＿＿＿＿＿＿＿＿＿＿＿＿＿＿＿,nǐ bāng wǒ zhǎozhao.
　＿＿＿＿＿＿＿＿＿＿＿＿＿＿＿＿＿＿＿＿,你 帮 我 找找。

4) Xiào shénme? ＿＿＿＿＿＿＿＿＿＿＿＿＿＿＿＿＿＿.
　笑 什么? ＿＿＿＿＿＿＿＿＿＿＿＿＿＿＿＿＿＿。

5) Xǎo Wáng tài cūxīn le, ＿＿＿＿＿＿＿＿＿＿＿＿＿＿＿.
　小 王 太 粗心 了, ＿＿＿＿＿＿＿＿＿＿＿＿＿＿＿。

Tīng duìhuà, xuǎnzé zhèngquè de dá'àn.
2 听 对话,选择 正确 的 答案。

1) A. sì gè rén 四 个 人　　　B. wǔ gè rén 五 个 人

2) A. méi chī 没 吃　　　B. chī le 吃 了

3) A. liǎng tiān 两 天　　　B. sān tiān 三 天

4) A. xiàngjī 相 机　　　B. shèxiàngjī 摄像机

5) A. méiyou 没有　　　B. zhǎodào le 找到 了

Tīng duìhuà, huídá wèntí.
3 听 对话,回答 问题。

1) Nǚ de qù nǎli wánr le? Shénme shíhou qù de?
　女 的 去 哪里 玩儿 了? 什么 时候 去 的?

2) Qīngdǎo yǒu shénme? Nǚ de tèbié xǐhuan shénme?
　青岛 有 什么? 女 的 特别 喜欢 什么?

3) Jīntiān nǚ de dài zhàopiànr le ma?
　今天 女 的 带 照片儿 了 吗?

4) Nán de míngtiān shàngbān ma?
　男 的 明天 上班 吗?

5) Rúguǒ Qīngdǎo hěn hǎo, nán de dǎsuan shénme shíhou qù?
　如果 青岛 很 好, 男 的 打算 什么 时候 去?

第六课　一路上顺利吗?

125

第六课　道中順調でしたか

Nǐ xūyào zhīdao de shēnghuó Hànzì
你 需要 知道 的　生活　汉字
The Chinese Characters You Need to Know
知っておくべき生活中の漢字

书籍是人类进步的阶梯。哪类书是你喜欢看的？
Books are a ladder to progress. What kind of books do you like to read?
書籍は人類進步の階段である。どんな本が好きか。

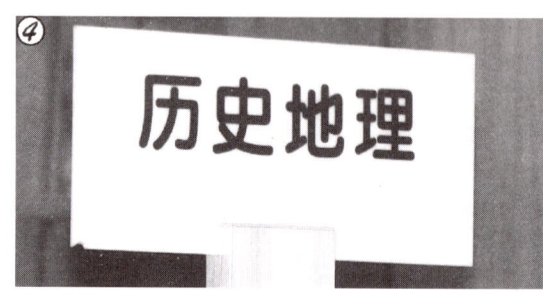

① 经济理论
② 畅销文学
③ 法律法规
④ 历史地理

① 经济（jīngjì, economy, 経済）
② 文学（wénxué, literature, 文学）
③ 法律（fǎlǜ, law, 法律）
④ 历史（lìshǐ, history, 歴史）

| 经 | 济 | 文 | 学 | 法 | 律 | 历 | 史 |

我的汉语教室　中级（一）

126

Nǐ xūyào zhīdao de Zhōnghuá chéngyǔ
你需要 知道 的 中华 成语
The Chinese Idioms You Need to Know
知っておくべき中国成語

rénshān- rénhǎi
人山人海

"人山人海"形容人聚集得非常多。

'Rénshān-rénhǎi' is used to describe huge crowds of people.

人の山、人の海。

rén : people   shān : mountain   hǎi : sea

人 ： 人   山 ： 山   海 ： 海

　　　　 Nǐ duì Shànghǎi nǎli yìnxiàng zuì shēn?
例：① A：你 对 上海 哪里 印象 最 深？
　　　　 Yù Yuán. Nàli rénshān-rénhǎi, tài rènao le.
　　 B：豫 园。那里 人山 人海，太 热闹 了。
　　　　 Zhè bù diànyǐng fēicháng shòu huānyíng. Dì-yī tiān fàngyìng de shíhou,
② 这 部 电影 非常 受 欢迎。第一 天 放映 的 时候，
　　 diànyǐngyuàn ménkǒu mǎi piào de dìfang rénshān-rénhǎi.
　　 电影院 门口 买 票 的 地方 人山 人海。

第六课 —— 一路上顺利吗？

第七課　焦った

第七课 Unit 7 第七課
Dì-qī Kè

Zhēn jísǐ wǒ le!
真 急死 我 了!
I am really worried!
焦った

我的汉语教室 中级(一)

Kèwén 课文 一

Jiékè: Guòle yí gè kāixīn de chángjià, jīntiān zhēn bù xiǎng
杰克：过了 一 个 开心 的 长假， 今天 真 不 想
shàngbān, zǎoshang qǐchuáng de shíhou tài tòngkǔ le!
上班， 早上 起床 的 时候 太 痛苦 了!

Lǐ Qiáng: Āi, wǒ yě shì. Chángjià hòu dì-yī tiān shàngbān,
李 强：唉，我 也 是。 长假 后 第一 天 上班，
shìqing tèbié duō. Jiù ná diànzǐ yóujiàn lái shuō ba, cái
事情 特别 多。 就 拿 电子 邮件 来 说 吧，才

第七课 真急死我了！

Unit 7　I am really worried!

一个星期没打开，里面竟然有一百多封，怎么来得及看呢？

Jiékè：是啊，今天我不是开会就是见客户，也有很多的邮件来不及回。本来打算今天晚上和朋友去一家新开的酒吧玩玩儿，现在看来得取消了。

杰克：

Lǐ Qiáng：嗯，这么多紧急的事情，我都不知道应该先做什么好，真是烦死我了！

李　强：

Jiékè：长假以后总是有好几天不习惯，过几天就正常了。哎呀，我的电脑怎么死机了？

杰克：

Lǐ Qiáng：怎么回事？

李　强：

Jiékè：刚才我一边和你说话一边打开一封新邮件，可是突然就死机了。不会是病毒

杰克：

129

第七课　焦った

　　　　　　ba? Yàoshi bìngdú jiù máfan le!
　　　　　　吧？要是　病毒　就　麻烦　了！

Lǐ Qiáng： Bié jí, nǐ xiān àn zhège jiàn shìshi!
李　强： 别急，你先　按　这个　键　试试！

Jiékè： Bù xíng, háishi méi fǎnyìng!
杰克： 不行，还是　没　反应！

Lǐ Qiáng： Nà nǐ zài chóngxīn qǐdòng yíxiàr kànkan.
李　强： 那你再　重新　启动　一下儿　看看。

Jiékè： Qiānwàn bié chū dà wèntí! Wǒ mǎshàng yào kāihuì, yào
杰克： 千万　别　出　大　问题！我　马上　要　开会，要
　　　　yòng de wénjiàn quán zài diànnǎo li, wǒ gāngcái hái
　　　　用　的　文件　全　在　电脑　里，我　刚才　还
　　　　dǎle yí gè wénjiàn, méi láidejí bǎocún jiù sǐjī le,
　　　　打了　一个　文件，没　来得及　保存　就　死机　了，
　　　　yǒu hǎo jǐ yè ne, zhēn jísǐ wǒ le!
　　　　有　好　几页　呢，真　急死　我了！

Lǐ Qiáng： Bié jí. Nǐmen shénme shíhou kāihuì?
李　强： 别急。你们　什么　时候　开会？

Jiékè： Zài guò shí fēnzhōng!
杰克： 再过　十　分钟！

Lǐ Qiáng： Zhèyàng ba, nǐ xiān tōngzhī tāmen tuīchí bàn gè xiǎoshí
李　强： 这样　吧，你先　通知　他们　推迟　半个　小时
　　　　kěyǐ ma? Ránhòu wǒ bāng nǐ kànkan yǒu méiyou
　　　　可以吗？然后　我　帮　你　看看　有　没有
　　　　shénme bànfǎ.
　　　　什么　办法。

　　　　(shí fēnzhōng yǐhòu)
　　　　(十　分钟　以后)

Unit 7 I am really worried!

Lǐ Qiáng: Hǎo le, xiànzài zhèngcháng le. Gāngcái nǐ dǎ de shì
李 强：好 了，现在 正常 了。刚才 你打的 是
zhège wénjiàn ma?
这个 文件 吗？

Jiékè: Duì! Jiùshì zhège wénjiàn! Nǐ zhēn bāngle wǒ de dà
杰克：对！就是 这个 文件！你 真 帮了 我 的 大
máng le, yàoburán jiù děi bǎ jīntiān de huìyì qǔxiāo le.
忙 了，要不然 就 得 把 今天 的 会议 取消 了。

Lǐ Qiáng: Zhè zhǒng wèntí xiǎoyìsi, bié wàngle wǒ shì diànnǎo
李 强：这 种 问题 小意思，别 忘了 我 是 电脑
gōngchéngshī! Xià cì zài chū wèntí zhǎo wǒ jiù xíng le.
工程师！下 次 再 出 问题 找 我 就 行 了。

Jiékè: Xièxie! Wǒ zhēn bù xīwàng yǒu xià cì.
杰克：谢谢！我 真 不 希望 有 下 次。

第七课 —— 真急死我了！

Shēngcí 生词 | Vocabulary 单語

1.	起床	qǐchuáng	to get up	起きる
2.	痛苦	tòngkǔ	painful	つらい；苦痛
3.	竟然	jìngrán	to one's surprise; unexpectedly	以外にも；なんと
4.	回	huí	to reply	返答する；返事をする
5.	取消	qǔxiāo	to cancel	取り消す；キャンセルする
6.	紧急	jǐnjí	urgent	緊急の
7.	烦	fán	to annoy; annoyed; irritated	煩わしい
8.	正常	zhèngcháng	normal; regular	正常である
9.	死机	sǐjī	computer crashed	（パソコンなどが）固まる
10.	突然	tūrán	suddenly	突然
11.	病毒	bìngdú	virus	ウイルス
12.	按	àn	to press; to push down	押す
13.	键	jiàn	key of a keyboard	鍵盤；キー

131

14. 反应	fǎnyìng	reaction; react; respond	反応
15. 重新	chóngxīn	again; once more	改めて、新たに
16. 启动	qǐdòng	to start (a machine, etc.)	起動する
17. 文件	wénjiàn	document; file	書類
18. 保存	bǎocún	to preserve; to keep; to conserve	保存する
19. 页	yè	page	ページ
20. 通知	tōngzhī	to inform	知らせる、通知する
21. 推迟	tuīchí	to postpone	延ばす、延期する

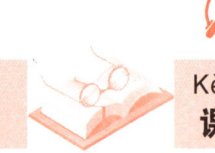

Kèwén 课文 二

Wǒ yǐjīng zài zhè jiā Rìběn gōngsī gōngzuòle hǎo jǐ nián le.
我 已经 在 这 家 日本 公司 工作了 好 几 年 了。
Zuòwéi jīnglǐ de mìshū, wǒ de rìcháng gōngzuò shì bāng jīnglǐ
作为 经理 的 秘书，我 的 日常 工作 是 帮 经理
jiētīng diànhuà、shōufā yóujiàn、ānpái rìchéng děngděng. Yǒushíhou
接听 电话、收发 邮件、安排 日程 等等。 有时候

一个星期有好几个晚上都得加班。虽然工作很忙，可是我还是很开心。

刚开始工作的时候，因为缺少经验，又有点儿粗心，所以出了一些问题，比如有时候想不起来把文件放在哪里了，或者把开会的时间通知错了。经理对我提了几次意见以后，我才知道日本公司是很严格的。现在我做事比以前细心、认真多了，工作效率也提高了很多。

现在我在努力学日语。虽然经理的英语也不错，但还是和他说日语更方便一些。不过，一边工作一边学日语是很辛苦的。有时候下班晚了，就来不及去学校，只好自己在家里学了。虽然这样很累，可是对我的工作有很大的帮助。今天，经理对我说："这份报告做得非常好！"我用日语说："我会继续努力！"他

第七课 真急死我了！

xiào le. Zài guò liǎng gè yuè wǒ de Rìyǔkè jiù shàngwán le,
笑了。再过两个月我的日语课就上完了,
xīwàng nà shí wǒ néng shuō de gèng hǎo!
希望那时我能说得更好!

Shēngcí 生词 / Vocabulary 単語

1.	作为	zuòwéi	as	～として
2.	等等	děngděng	and so on; etc.	等
3.	缺少	quēshǎo	to lack	欠く
4.	经验	jīngyàn	experience	経験
5.	细心	xìxīn	careful	注意深い、細かいところまで気が付く
6.	效率	xiàolǜ	efficiency	能率、効率
7.	提高	tígāo	to raise; to improve	(レベル、品質などを)引き上げる
8.	帮助	bāngzhù	help; to help	助ける
9.	继续	jìxù	to continue	続く；継続する
10.	努力	nǔlì	to make efforts; to try hard	頑張る、努力する
11.	笑	xiào	to smile; to laugh	笑う

Zhùshì 注释 / Notes 解釈

Zhēnshi fánsǐ wǒ le!
① 真是 烦死 我 了!

"烦死我了"的意思是"我感到非常烦恼"。"形容词＋死＋宾语＋了"强调程度非常高。

'Fánsǐ wǒ le' means 'I feel extremely annoyed'. 'Adj. + sǐ + object + le' is used to stress that the degree is very high.

「烦死我了」は非常に煩わしいと感じていることを表す。「形容詞＋死＋目的語＋了」は程度が非常に高いことを強調する。

例：
1) Yòu diūle yí liàng zìxíngchē, zhēnshi qìsǐ wǒ le!
   又 丢了 一 辆 自行车，真是 气死 我 了！

2) Jìngrán jiào bú dào chē, zhēnshi jísǐ wǒ le!
   竟然 叫 不 到 车，真是 急死 我 了！

3) Zhège gùshi zhēnshi xiàosǐ rén le!
   这个 故事 真是 笑死 人 了！

2 Chángjià yǐhòu zǒngshì yǒu hǎo jǐ tiān bù xíguàn.
长假 以后 总是 有 好 几 天 不 习惯。

"好几 + 量词"强调数量多。

'Hǎo jǐ + measure word' means 'quite a few'.

「好几 + 助数詞」は量が多いことを強調する。

例：
1) Xiàwǔ zhēn máng, wǒ jiànle hǎo jǐ gè kèhù.
   下午 真 忙，我 见了 好 几 个 客户。

2) Tā xīnqíng bù hǎo, hēle hǎo jǐ píng píjiǔ.
   他 心情 不 好，喝了 好 几 瓶 啤酒。

3) Nàli zhànzhe hǎo jǐ gè jǐngchá, shì bú shì chū shìgù le?
   那里 站着 好 几 个 警察（policeman,警察官），是 不 是 出 事故 了？

3 Bú huì shì bìngdú ba?
不 会 是 病毒 吧？

"不会……吧"是一个反问句，以否定的语气表示肯定的意思，多用于猜测某种情况。

'Bú huì……ba' is a rhetorical question, expressing a positive meaning with negative tone, and is usually used for inference.

「不会……吧」は反語の文型で、否定のニュアンスをもって肯定の意味を表す。ある状況を推測する場合によく使われる。

例：
1) Nǐ kàn qilai jīngshen bù hǎo, bú huì shì bìngle ba?
   你 看 起来 精神 不 好，不 会 是 病了 吧？

2) Zhème wǎn tā hái méi dào, bú huì shì lùshang dǔchēle ba?
   这么 晚 他 还 没 到，不 会 是 路上 堵车了 吧？

3) Tā jǐ tiān méi lái le, bú huì shì tiàocáole ba?
   他 几 天 没 来 了，不 会 是 跳槽了 吧？

第七課　焦った

Nǐ zhēn bāngle wǒ de dà máng le.
❹ 你 真 帮了 我 的 大 忙 了。

"帮忙"是离合词,可以说"帮+某人+的忙"。但"帮助"一词不能分开,可以说"帮助+某人"。

The verb 'bāngmáng' has a verb-object structure. 'Bāng + someone + de máng' means 'do somebody's favor'. But the verb 'bāngzhù' cannot be separated. 'Bāngzhù + someone' means 'help someone'.

「帮忙」は離合詞である。「帮+某人(誰)+的忙」とも言える。しかし「帮助」は「帮」と「助」を離して使うことはできない。「帮助+某人(誰)」として用いる。

Lǎo Wáng shì gè hěn rèqíng de rén, chángchang bāng dàjiā de máng.
例:1) 老 王 是 个 很 热情 的 人, 常常 帮 大家 的 忙。

Wǒmen shì péngyou, bāng nǐ de máng shì yīnggāi de.
　　2) 我们 是 朋友, 帮 你 的 忙 是 应该 的。

Dàwèi bāngzhù tā de tóngshì zuòle bù shǎo gōngzuò.
　　3) 大卫 帮助 他 的 同事 做了 不 少 工作。

Zhè zhǒng wèntí xiǎoyìsi.
❺ 这 种 问题 小意思。

"小意思"指微不足道,算不了什么。

'Xiǎoyìsi' means 'not worth mentioning'.

「小意思」はほんのわずかで、なんでもないことを指す。

Bāo jiǎozi duì běifāngrén lái shuō shì xiǎoyìsi.
例:1) 包 饺子 对 北方人 来 说 是 小意思。

Xiū diànnǎo duì diànnǎo gōngchéngshī lái shuō shì xiǎoyìsi.
　　2) 修 电脑 对 电脑 工程师 来 说 是 小意思。

Duì tā lái shuō, hē sān píng píjiǔ shì xiǎoyìsi.
　　3) 对 他 来 说, 喝 三 瓶 啤酒 是 小意思。

Xiànzài wǒ zuò shì bǐ yǐqián xìxīn、rènzhēn duō le.
❻ 现在 我 做 事 比 以前 细心、认真 多 了。

"A比B+形容词+多了"表示比较的结果差异很大。

'A bǐ B + adj. + duō le' is used to express A is different from B by a great degree.

「A比B+形容詞+多了」の構文は比較の結果の差がかなり大きいことを表す。

Wǒ gēge bǐ wǒ gāo duō le.
例：1) 我 哥哥 比 我 高 多 了。

Zhège diànnǎo bǐ nàge hǎoyòng duō le.
2) 这个 电脑 比 那个 好用 多 了。

Dìtiě yī hào xiàn bǐ èr hào xiàn jǐ duō le.
3) 地铁 一 号 线 比 二 号 线 挤 多 了。

Liànxí 练习 / Exercises 練習

1 用"不会……吧"改写句子。

Rewrite the following sentences with 'bú huì……ba'.

「不会……吧」を使って、言い方を変えなさい。

Nǐ de diànnǎo yǒu bìngdú.
例：你 的 电脑 有 病毒。

Nǐ de diànnǎo bú huì yǒu bìngdú ba?
你 的 电脑 不 会 有 病毒 吧？

Zhè jiàn yīfu zhǐ yào sānshí kuài qián.
1) 这 件 衣服 只 要 三十 块 钱。

Lǚxíngshè bǎ wǒ de míngzi xiěcuò le.
2) 旅行社 把 我 的 名字 写错 了。

Mùcūn bǎ shùmǎ shèxiàngjī nòngdiū le.
3) 木村 把 数码 摄像机 弄丢 了。

Wáng Huì měi tiān wǎnshang dōu děi jiābān.
4) 王 慧 每 天 晚上 都 得 加班。

Jiékè zhǎo bú dào nà jiā fàndiàn.
5) 杰克 找 不 到 那 家 饭店。

第七課　焦った

2 根据提示，用"再过……"造句。

Make sentences with 'zài guò……' according to the sentences given.

与えられた文章に基づいて、「再過……」を使って、文を作りなさい。

> Xiànzài jiǔ diǎn wǔshí fēn, wǒmen shí diǎn kāihuì.
> 例：现在 九 点 五十 分，我们 十 点 开会。
> Wǒmen zài guò shí fēnzhōng kāihuì.
> 　　我们 再 过 十 分钟 开会。

Xiànzài bā diǎn, wǒmen bā diǎn bàn shàngkè.
1) 现在 八 点，我们 八 点 半 上课。
_____

Jīntiān xīngqīyī, wǒmen xīngqīsì qù lǚxíng.
2) 今天 星期一，我们 星期四 去 旅行。
_____

Jīntiān sì hào, shíbā hào guò Chūnjié.
3) 今天 四 号，十八 号 过 春节。
_____

Xiànzài wǔ yuè, Rìyǔkè liù yuè shàngwán.
4) 现在 五 月，日语课 六 月 上完。
_____

Jīnnián 2007 nián, tā 2009 nián bìyè.
5) 今年 2007 年，他 2009 年 毕业。
_____

3 用所给的词或结构完成句子。

Complete the following sentences with the words or structures given.

括弧の中の単語や構文を使って、文を完成しなさい。

Wǒ liù diǎn bàn xiàbān, Rìyǔkè qī diǎn kāishǐ, _____.
1) 我 六 点 半 下班，日语课 七 点 开始，_____。
　　(láidejí)
　　（来得及）

Wǒ qī diǎn xiàbān, Rìyǔkè liù diǎn bàn kāishǐ, _____.
2) 我 七 点 下班，日语课 六 点 半 开始，_____。

Unit 7　I am really worried!

3）　我把同事的电脑弄坏了，_____。（来不及）
　　Wǒ bǎ tóngshì de diànnǎo nònghuài le,

4）　我有一份重要的文件突然找不到了，_____
　　Wǒ yǒu yí fèn zhòngyào de wénjiàn tūrán zhǎo bú dào le,
　　_____。（……死我了）

5）　他真粗心，_____。（竟然）
　　Tā zhēn cūxīn,

6）　以前我的汉语不好，现在_____。（……多了）
　　Yǐqián wǒ de Hànyǔ bù hǎo, xiànzài

7）　今天的温度_____。（……多了）
　　Jīntiān de wēndù

4 说出"意思"在句子中的意思并模仿造句。

Tell what 'yìsi' means in each sentence and make a sentence with 'yìsi' that has the same meaning.

「意思」の意味を述べ、同様の意味を持つ「意思」を使って、文を作りなさい。

1）　杰克的小狗真是太有意思了。
　　Jiékè de xiǎo gǒu zhēnshi tài yǒu yìsi le.

2）　刚才我收到了一封中文的电子邮件，可是我不明白
　　Gāngcái wǒ shōudàole yì fēng Zhōngwén de diànzǐ yóujiàn, kěshì wǒ bù míngbai
　　邮件的意思。
　　yóujiàn de yìsi.

3）　不好意思，我的电脑突然坏了，开会的资料都在电脑里。
　　Bù hǎo yìsi, wǒ de diànnǎo tūrán huài le, kāihuì de zīliào dōu zài diànnǎo li.
　　今天的会只好取消了。
　　Jīntiān de huì zhǐhǎo qǔxiāo le.

4）　A：谢谢你帮我修好了电脑，要不然我一定来不及做完这
　　Xièxie nǐ bāng wǒ xiūhǎole diànnǎo, yàoburán wǒ yídìng láibují zuòwán zhè
　　份报告。
　　fèn bàogào.

第七课　真急死我了！

第七課　焦った

Xiǎoyìsi, bié wàngle wǒ shì diànnǎo gōngchéngshī!
B：小意思，别　忘了　我　是　电脑　　工程师！

5 选词填空。

Fill in the blanks with the proper words given.

適当な単語を選んで、文を完成しなさい。

bāng	bāngzhù	bāngmáng
帮	帮助	帮忙

Xià gè xīngqī wǒ yào qù Chéngdū chūchāi, nǐ néng _____ wǒ zhàogu yíxiàr
1）下个　星期　我　要　去　成都　出差，你　能　_____我　照顾　一下儿

wǒ jiā de xiǎo gǒu ma?
我　家　的　小　狗　吗？

Wǒ de Hànyǔ lǎoshī fēicháng nàixīn, duì wǒ de Hànyǔ xuéxí _____ hěn dà.
2）我　的　汉语　老师　非常　耐心，对　我　的　汉语　学习　_____　很　大。

Yàoshi méiyou nǐ de _____, wǒ yídìng bù néng wánchéng jīntiān de gōngzuò.
3）要是　没有　你的　_____，我　一定　不　能　　完成　今天　的　工作。

Nǐ néng bù néng _____ wǒ yí ge _____?　　wǒ fùyìn yíxiàr
4）你　能　不　能　_____　我　一个　_____？　　我　复印　一下儿

zhè fèn wénjiàn.
这　份　文件。

Tài xièxie le! Nǐ _____ le wǒ de dà _____.
5）太　谢谢　了！你　_____　了　我　的　大　_____。

jīngyàn	jīnglì
经验	经历

Tā de _____ hěn fēngfù, qùguo hěn duō guójiā.
6）他　的　_____　很　丰富，去过　很　多　国家。

Tā shì yí wèi _____ hěn fēngfù de lǎoshī, duì wǒ de xuéxí bāngzhù hěn dà.
7）她　是　一　位　_____　很　丰富　的　老师，对　我　的　学习　帮助　很　大。

Wáng Huì gōngzuò hěn rènzhēn, kěshì gōngzuò _____ bú gòu fēngfù.
8）王　慧　工作　很　认真，可是　工作　_____　不　够　丰富。

Wǒ tīngshuō nǐ qùguo hěn duō dìfang, yě zuòguo hěn duō gōngzuò, nǐ néng
9）我　听说　你　去过　很　多　地方，也　做过　很　多　工作，你　能

shuōshuo yǐqián de _____ ma?
说说 以前 的 _____ 吗？

| zhèngcháng | pǔtōng | yìbān |
| 正常 | 普通 | 一般 |

10) Jīntiān wǒ de diànnǎo bú tài _____, huì bú huì yǒu bìngdú a?
今天 我 的 电脑 不 太 _____，会 不 会 有 病毒 啊？

11) Tā de _____ huà shuō de tài hǎo le, wǒ hái yǐwéi tā shì Zhōngguórén ne.
她 的 _____ 话 说 得 太 好 了，我 还 以为 她 是 中国人 呢。

12) Wáng Huì hěn xìxīn, _____ bú huì chū wèntí, zěnme jīntiān bǎ shíjiān nòngcuò le?
王 慧 很 细心，_____ 不 会 出 问题，怎么 今天 把 时间 弄错 了？

13) Cóng zuótiān kāishǐ, wǒ de xiǎo gǒu jiù bú tài _____, shì bú shì bìng le?
从 昨天 开始，我 的 小 狗 就 不 太 _____，是 不 是 病 了？

| huí | jìngrán | bàogào | tūrán | tòngkǔ | láibují | jí |
| 回 | 竟然 | 报告 | 突然 | 痛苦 | 来不及 | 急 |

14) Ná wǒ lái shuō, yí ge xīngqī zhōng, xīngqīyī zǒngshì zuì máng de yì tiān.
拿 我 来 说，一 个 星期 中，星期一 总是 最 忙 的 一 天。
Zǎoshang qǐchuáng de shíhou, zǒngshì tèbié _____. Zài lùshang, chē zǒngshì
早上 起床 的 时候，总是 特别 _____。在 路上，车 总是
tèbié dǔ. Dàole gōngsī, gōngzuò yě zǒngshì tèbié duō. Jīntiān yòu shì xīngqīyī,
特别 堵。到了 公司，工作 也 总是 特别 多。今天 又 是 星期一，
wǒ _____ shōudàole wúshí fēng diànzǐ yóujiàn, hái yào xiě sān fèn
我 _____ 收到了 五十 封 电子 邮件，还 要 写 三 份
_____. Wǒ zài _____ yóujiàn de shíhou, diànnǎo _____ sǐjī le,
_____。我 在 _____ 邮件 的 时候，电脑 _____ 死机 了，
zhēnshi _____ sǐ wǒ le. Gōngsī de diànnǎo gōngchéngshī shuō wǒ de
真是 _____ 死 我 了。公司 的 电脑 工程师 说 我 的
diànnǎo yǒu bìngdú. Tā xiūle bàn tiān cái xiūhǎo. Yīnwei diànnǎo huài le, wǒ
电脑 有 病毒。他 修了 半 天 才 修好。因为 电脑 坏 了，我
_____ wánchéng jīntiān de gōngzuò, zhǐhǎo zài gōngsī jiābān, shí diǎn cái huíjiā.
_____ 完成 今天 的 工作，只好 在 公司 加班，十 点 才 回家。

第七课 真急死我了！

141

❻ 改错。

Correct the following sentences.

間違いを直しなさい。

1) 对不起，我有一个很紧急的会议，不来得及去接你了。

2) 真是太谢谢你了，你帮忙我太多了。

3) 大概再过半个小时，我们就开会完了。

4) 我觉得我们应该进步我们的工作效率。

5) 我在旅行社工作了好几个年了。

❼ 根据实际情况回答问题。

Answer the following questions.

実際の状況に基づいて、質問に答えなさい。

1) 一个星期中，你觉得哪一天最开心？一天中，你觉得什么时候最开心？为什么？

2) 你认为什么外语最有用？你的第一外语是什么？

❽ 阅读短文并回答问题。

Read the following passage and answer the questions.

次の短文を読んで、質問に答えなさい。

一个秘书和她老板的战争①

2006年，在网上有两封电子邮件非常流行。一封是一位外企②总裁③给他的秘书的电子邮件，一封是秘书小姐的回信。

Unit 7   I am really worried!

Zǒngcái de xìn:
总裁 的 信:

　　Wǒ gàosuguo nǐ, xiǎng dōngxi、zuò shìqing bú yào xiǎngdāngrán, jiéguǒ jīntiān
　　我 告诉过 你, 想 东西、做 事情 不 要 想当然, 结果 今天
wǎnshang nǐ jiù bǎ wǒ suǒ④ zài bàngōngshì mén wài le, wǒ de dōngxi hái zài
晚上 你 就 把 我 锁 在 办公室 门 外 了, 我 的 东西 还 在
bàngōngshì li. Nǐ yǐwéi wǒ dàile yàoshi⑤, qíshí wǒ méi dài. Cóng jīntiān kāishǐ, wúlùn⑥
办公室 里。你 以为 我 带了 钥匙, 其实 我 没 带。从 今天 开始, 无论
shì zhōngwǔ chīfàn de shíjiān, háishi wǎnshang xiàbān yǐhòu, nǐ yào hé měi yí wèi
是 中午 吃饭 的 时间, 还是 晚上 下班 以后, 你 要 和 每 一 位
jīnglǐ quèrèn⑦ méiyou shìqing yǐhòu cái néng zǒu. Míngbaile ma?
经理 确认 没有 事情 以后 才 能 走。明白了 吗?

Mìshū de huíxìn:
秘书 的 回信:

　　Dì-yī, wǒ xiàbān yǐhòu suǒ mén shì duì de. Rúguǒ wǒ bù suǒ mén, diūle
　　第 一, 我 下班 以后 锁 门 是 对 的。如果 我 不 锁 门, 丢了
dōngxi zěnmebàn? Dì-èr, nǐ yǒu yàoshi, shì nǐ zìjǐ wàngle dài, bú yào shuō wǒ bú
东西 怎么办? 第 二, 你 有 钥匙, 是 你 自己 忘了 带, 不 要 说 我 不
duì. Dì-sān, wǒ yì tiān zhǐ gōngzuò bā gè xiǎoshí, zhōngwǔ chīfàn de shíjiān hé
对。第 三, 我 一 天 只 工作 八 个 小时, 中午 吃饭 的 时间 和
wǎnshang xiàbān yǐhòu dōu shì wǒ de sīrén⑧ shíjiān. Dì-sì, suīrán nǐ shì lǎobǎn,
晚上 下班 以后 都 是 我 的 私人 时间。第 四, 虽然 你 是 老板,
kěshì qǐng duì nǐ de mìshū lǐmào⑨ yìdiǎnr.
可是 请 对 你 的 秘书 礼貌 一点儿。

第七课　真急死我了!

①	战争	zhànzhēng	**war**	戦争
②	外企	wàiqǐ	**foreign enterprise**	外資企業
③	总裁	zǒngcái	**CEO**	総裁
④	锁	suǒ	**to lock**	かぎをかける
⑤	钥匙	yàoshi	**key**	鍵
⑥	无论	wúlùn	**no matter (what, how, when)**	～にかかわりなく
⑦	确认	quèrèn	**to confirm; to make certain**	確認する
⑧	私人	sīrén	**private**	個人的
⑨	礼貌	lǐmào	**polite**	礼儀

143

Wèishénme lǎobǎn zhème shēngqì? Rúguǒ nǐ shì lǎobǎn, nǐ huì zěnme zuò?
1) 为什么 老板 这么 生气？如果 你 是 老板，你 会 怎么 做？

"Xiǎngdāngrán" shì shénme yìsi?
2) "想当然" 是 什么 意思？

Rúguǒ nǐ shì mìshū, nǐ huì zěnme dáfù nǐ de lǎobǎn?
3) 如果 你 是 秘书，你 会 怎么 答复 你 的 老板？

Nǐ juéde zhè shìr yǒu méiyou wénhuà chāyì de wèntí?
4) 你 觉得 这 事儿 有 没有 文化 差异 的 问题？

9 课堂活动。

Practice in class.

練習。

1) 放长假以后第一天上班，会不会觉得很累？

2) 组织一次辩论，讨论电脑与网络的利弊。

Tīnglì 听力 | Listening ヒアリング

Tīng lùyīn, wánchéng jùzi.
1 听 录音，完成 句子。

Wáng Huì, jīntiān xiàwǔ de huìyì
1) 王 慧，今天 下午 的 会议 _____。

_____, zhēnshi qìsǐ wǒ le!
2) _____，真是 气死 我 了！

Lǐ Qiáng, bāngbang máng, hǎo bù hǎo?
3) 李 强，帮帮 忙，好 不 好？_____！

Méiyou yàojǐn de shìqing,
4) 没有 要紧 的 事情，_____。

Xiàbān yǐqián,
5) 下班 以前，_____。

Tīng duìhuà, xuǎnzé zhèngquè de dá'àn.
2 听 对话，选择 正确 的 答案。

chūqu jiàn kèhù　　　　　chūqu chīfàn
1) A. 出去 见 客户　　B. 出去 吃饭

sān diǎn èrshí fēn　　　　liǎng diǎn sìshí fēn
2) A. 三 点 二十 分　　B. 两 点 四十 分

Unit 7 I am really worried!

    jǐ nián yǐqián   qī nián yǐqián
3）A. 几 年 以前   B. 七 年 以前
    yǒudiǎnr nán   yìdiǎnr yě bù nán
4）A. 有点儿 难   B. 一点儿 也 不 难
    nán-nǚ péngyou   tóngshì
5）A. 男 女 朋友   B. 同事

  Tīng duìhuà, huídá wèntí.
3 听 对话，回答 问题。
    Nán de shì lái zuò shénme de?
1）男 的 是 来 做 什么 的？
    Diànnǎo zěnme le?
2）电脑 怎么 了？
    Diànnǎo yǒu méiyou hěn dà de wèntí?
3）电脑 有 没有 很 大 的 问题？
    Wénjiàn zěnmeyàng le?
4）文件 怎么样 了？
    Wèishénme nǚ de bù xiǎng gěi nán de dǎ diànhuà?
5）为什么 女 的 不 想 给 男 的 打 电话？

Nǐ xūyào zhīdao de shēnghuó Hànzì
你 需要 知道 的 生活 汉字
The Chinese Characters You Need to Know
知っておくべき生活中の漢字

  现在中国的城市中高楼如雨后春笋般拔地而起。除了"××大楼"，对楼宇我们还有别的叫法。

  New high-rises now have mushroomed in cities of China. Beside ××大楼(×× dàlóu), there are other ways to refer to high buildings.

  今、中国の各都市では高層ビルが雨後の竹の子のように急増している。「××大楼」の他に、他の呼び方もある。

① 总部大楼 QUARTERS BUILDING

② 大厦 d Plaza

第七课 真急死我了！

第七課　焦った

① 大楼（dàlóu，high building，ビル）
② 大厦（dàshà，mansion，plaza，ビル）
③ 广场（guǎngchǎng，plaza，プラザ、広場）
④ 中心（zhōngxīn，center，センター）

| 楼 | 厦 | 广 | 场 | 中 | 心 |

Nǐ xūyào zhīdao de Zhōnghuá chéngyǔ
你 需要 知道 的　中华　　成语
The Chinese Idioms You Need to Know
知っておくべき中国成語

qiúzhī - bùdé
求之不得

"求之不得"指想找都找不到(多用于意外地得到时)。

'Qiúzhī-bùdé' means '(often of something unexpected) more than one could wish for'.

願ってもない(予想外のことによく使う)。

qiú:to beg; to seek   zhī:used in place of a person or thing as an object
求:求める   之:代名詞
dé:to get
得:得る

例：
① 这个 工作 是 每 个 人 都 求之 不得 的。你 真 的 不 想 再 做了 吗？
Zhège gōngzuò shì měi gè rén dōu qiúzhī-bùdé de. Nǐ zhēn de bù xiǎng zài zuòle ma?

② A：好 的，我 会 让 我们 最 好 的 工程师 来 帮 你。
Hǎo de, wǒ huì ràng wǒmen zuì hǎo de gōngchéngshī lái bāng nǐ.

B：那 真是 求之 不得 了。谢谢 你！
Nà zhēnshi qiúzhī-bùdé le. Xièxie nǐ!

Dì-bā Kè
第八课
Unit 8
第八課

Tā zhǎng de shénmeyàng?
她 长 得 什么样？
How does she look?
彼女はどんな人ですか

Kèwén
课文 一

Jiékè: Wáng Huì, hǎo jiǔ bú jiàn!
杰克： 王 慧，好 久 不 见！

Wáng Huì: Shì a, suǒyǐ wǒ tèdì lái kàn nǐ la.
王 慧： 是 啊，所以 我 特地 来 看 你 啦。

Jiékè: Nǐ zhēn huì kāi wánxiào. Nǐ yídìng shì lái děng Lǐ Qiáng
杰克： 你 真 会 开 玩笑。你 一定 是 来 等 李 强
de ba.
的 吧。

Unit 8 How does she look?

Wáng Huì: Nǐ shuōduì le. Jīntiān shì xīngqīwǔ, běnlái wǒmen dǎsuan
王 慧：你 说对 了。今天 是 星期五，本来 我们 打算
wǎnshang qù kàn diànyǐng, kě méi xiǎngdào Lǐ Qiáng
晚上 去 看 电影，可 没 想到 李 强
tūrán yào chǔlǐ yí jiàn jǐnjí de shìqing, wǒ zhǐhǎo děng
突然 要 处理 一 件 紧急 的 事情，我 只好 等
tā le, kěnéng láibují kàn qī diǎn de diànyǐng le. Nǐ
他 了，可能 来不及 看 七 点 的 电影 了。你
dào xiànzài hái méi zǒu, shì bú shì yě yào jiābān a?
到 现在 还 没 走，是 不 是 也 要 加班 啊？

Jiékè: Nǐ cāicuò le! Jīntiān wǒ yǒu shì, bù néng jiābān, wǒ
杰克：你 猜错 了！今天 我 有 事，不 能 加班，我
zhǔnbèi zǒu le.
准备 走 了。

Wáng Huì: Yǒu shì? Hái chuān de zhème shuài, nándào …… yǒu
王 慧：有 事？还 穿 得 这么 帅，难道 …… 有
yuēhuì ma?
约会 吗？

Jiékè: Hā, zhè cì cāiduì le!
杰克：哈，这 次 猜对 了！

Wáng Huì: Zhè zhēnshi dà xīnwén a! Guàibude nǐ jīntiān chuān de
王 慧：这 真是 大 新闻 啊！怪不得 你 今天 穿 得
zhème shuài ne! Kěshì, nǐ bú shì yìzhí shuō "shìyè
这么 帅 呢！可是，你 不 是 一直 说 "事业
dì-yī, nǚpéngyou dì-èr" ma?
第一，女朋友 第 二" 吗？

Jiékè: Duì, wǒ shuōguo. Kěshì, nà shí wǒ hái méiyou pèngdào
杰克：对，我 说过。可是，那 时 我 还 没有 碰到

第八课 她长得什么样？

149

第八課　彼女はどんな人ですか

　　　　　héshì de nǚháizi, suǒyǐ wǒ cái zhème shuō de.
　　　　　合适的女孩子，所以我才这么说的。

Wáng Huì：Kuài gàosu wǒ, nǐ shì zài nǎli pèngdào tā de. Tā jiào
王　慧：快告诉我，你是在哪里碰到她的。她叫
　　　　　shénme míngzi? Zhǎng de shénmeyàng? Nǐmen rènshi
　　　　　什么名字？长得什么样？你们认识
　　　　　duō jiǔ le?
　　　　　多久了？

Jiékè：　Nǐ de wèntí zhēn duō, wǒ xiànzài bù néng gàosu nǐ,
杰克：　你的问题真多，我现在不能告诉你，
　　　　　shì mìmì.
　　　　　是秘密。

Wáng Huì：Nǐ zhēn bú gòu péngyou! (kàndào Jiékè zhuōzi shàng
王　慧：你真不够朋友！（看到杰克桌子上
　　　　　yǒu yì zhāng zhàopiānr) Yí, zhè shì shuí a? Dàdà de
　　　　　有一张照片儿）咦，这是谁啊？大大的
　　　　　yǎnjing, chángcháng de tóufa, gāogāo de gèzi, xiào
　　　　　眼睛，长长的头发，高高的个子，笑
　　　　　de tiántián de, hěn piàoliang de nǚháizi ma! Bǎ yí gè
　　　　　得甜甜的，很漂亮的女孩子嘛！把一个
　　　　　nǚháizi de zhàopiānr fàng zài zhuōzi shàng, guānxi
　　　　　女孩子的照片儿放在桌子上，关系
　　　　　kěndìng bù yìbān, shì bú shì jiù shì tā a?
　　　　　肯定不一般，是不是就是她啊？

Jiékè：　Wáng Huì, nǐ zhēn lìhai! Wǒ dōu gàosu nǐ ba. Tā jiào
杰克：　王慧，你真厉害！我都告诉你吧。她叫
　　　　　Fāng Kěkě, shì wǒ lǚyóu de shíhou rènshi de. Wǒmen
　　　　　方可可，是我旅游的时候认识的。我们

聊了很多，比如喜欢看什么书，爱听什么音乐，去过什么地方，以前有过什么经历等。我们发现我们有很多共同的爱好，所以互相留了电话号码和电子邮箱的地址。渐渐地我们就……

王慧：真浪漫啊！她是哪里人？

杰克：她是南京人，不过她大学毕业以后留在了上海。

王慧：哦，南京人。那今天你们也是去看电影吗？

杰克：我们要去听音乐会。哎呀，再过半个小时音乐会就开始了，我要走了，我可不想迟到。你慢慢等李强吧！

第八课 她长得什么样？

第八課　彼女はどんな人ですか

Wáng Huì：Bié zháojí, láidejí. Yǐhòu dài nǐ de nǚpéngyou yìqǐ lái
王　慧：别　着急，来得及。以后　带　你的　女朋友　一起　来
　　　　wánr ba.
　　　　玩儿　吧。

Jiékè：Hǎo, yǒu jīhuì wǒ yídìng bǎ tā jièshào gěi nǐ hé
杰克：好，有　机会　我　一定　把　她　介绍　给　你 和
　　　Lǐ Qiáng. Zhōumò yúkuài!
　　　李　强。周末　愉快！

Wáng Huì：Zhōumò yúkuài!
王　慧：周末　愉快！

Shēngcí 生词 | Vocabulary 単語

1. 特地	tèdì	for a special purpose	わざわざ
2. 处理	chǔlǐ	to handle; to deal with	処理する、解決する
3. 帅	shuài	handsome; smart	格好いい
4. 难道	nándào	used to reiterate a rhetorical question	まさか～ではあるまい
5. 新闻	xīnwén	news	ニュース
6. 怪不得	guàibude	no wonder	道理で
7. 秘密	mìmì	secret	秘密
8. 眼睛	yǎnjing	eye	目
9. 个子	gèzi	height	(人の)背丈
10. 关系	guānxi	relation; relationship	関係
11. 共同	gòngtóng	common	共通の
12. 爱好	àihào	hobby	趣味
13. 互相	hùxiāng	each other; mutual	お互いに
14. 邮箱	yóuxiāng	mailbox	メールボックス
15. 渐渐	jiànjiàn	gradually	だんだん
16. 浪漫	làngmàn	romantic	ロマンチックな
17. 机会	jīhuì	chance	チャンス、機会
18. 介绍	jièshào	to introduce	紹介する
19. 愉快	yúkuài	happy; joyful	楽しい

Kèwén
课文 二

第八课 她长得什么样？

Qīn'ài de bàba、māma:
亲爱 的 爸爸、妈妈：

　　Hǎo jiǔ bú jiàn le, nǐmen hǎo ma?
　　好 久 不 见 了，你们 好 吗？
　　Wǒ zài Shànghǎi shénme dōu hǎo,
　　我 在 上海 什么 都 好，
gōngzuò yě hěn shùnlì, hái jiāole bù shǎo
工作 也 很 顺利，还 交了 不 少
xīn péngyou. Shàng gè yuè fàngjià, wǒ
新 朋友。 上 个 月 放假，我
qùle Lìjiāng, búdàn wánr de hěn yúkuài, hái rènshile yí gè
去了 丽江，不但 玩儿 得 很 愉快，还 认识了 一 个
Zhōngguó nǚháizi. Dāngshí shì zài jiǔdiàn li, wǒ bù zhīdao zěnme
中国 女孩子。当时 是 在 酒店 里，我 不 知道 怎么
yòng Hànyǔ bǎ wǒ de yìsi biǎodá qīngchu, tā zhènghǎo zài wǒ
用 汉语 把 我 的 意思 表达 清楚，她 正好 在 我
pángbiān, bāngle wǒ hěn dà de máng, wǒmen jiù zhèyàng rènshi
旁边， 帮了 我 很 大 的 忙， 我们 就 这样 认识
le. Wǒ yìzhí yǐwéi Zhōngguórén hěn nèixiàng、hěn chuántǒng, méi
了。我 一直 以为 中国人 很 内向、很 传统， 没
xiǎngdào tā de xìnggé hěn kāilǎng, jiànjiàn de wǒmen jiù shúxi
想到 她 的 性格 很 开朗，渐渐 地 我们 就 熟悉
le. Wǒ fāxiàn wǒmen yǒu hěn duō gòngtóng de àihào, bǐrúshuō
了。我 发现 我们 有 很 多 共同 的 爱好，比如说

153

第八課　彼女はどんな人ですか

wǒmen dōu xǐhuan tīng yáogǔnyuè、xǐhuan lǚyóu děngděng, hé tā
我们 都 喜欢 听 摇滚乐、喜欢 旅游 等等，和她
zài yìqǐ wǒ fēicháng yúkuài. Wǒ xīwàng yǒu gèng duō de jīhuì
在 一起 我 非常 愉快。我 希望 有 更 多 的 机会
kěyǐ liǎojiě tā, suǒyǐ huídào Shànghǎi yǐhòu, wǒ chángcháng yuē
可以 了解 她，所以 回到 上海 以后，我 常常 约
tā yìqǐ chīfàn、tīng yīnyuèhuì shénme de. Tā shì Nánjīngrén,
她 一起 吃饭、听 音乐会 什么 的。她 是 南京人，
dànshì zài Shànghǎi gōngzuò. Nǐmen kànkan tā de zhàopiānr.
但是 在 上海 工作。你们 看看 她 的 照片儿。
Zěnmeyàng? Piàoliang ba! Zhēn xīwàng nǐmen néng yǒu jīhuì
怎么样？ 漂亮 吧！真 希望 你们 能 有 机会
kàndào tā. Érqiě tā hěn yōumò, duì rén yě hěn rèqíng、wēnróu.
看到 她。而且 她 很 幽默，对 人 也 很 热情、温柔。
Xiāngxìn nǐmen yídìng huì xǐhuan tā.
相信 你们 一定 会 喜欢 她。

　　Jīntiān jiù xiědào zhèli ba.
　　今天 就 写到 这里 吧。

　Zhù
　祝
Shēntǐ jiànkāng!
身体 健康！

　　　　　　　　　　　　　　　Jiékè
　　　　　　　　　　　　　　　杰克
　　　　　　　　　　　　　wǔ yuè jiǔ rì
　　　　　　　　　　　　　五 月 九 日

Unit 8 How does she look?

Shēngcí 生词 / Vocabulary 単語

1.	亲爱	qīn'ài	dear	親愛な
2.	交	jiāo	to associate with; to make (friends)	（友達が）できる、（友達を）作る
3.	当时	dāngshí	at that time	そのとき、当時
4.	内向	nèixiàng	introverted	内向的
5.	性格	xìnggé	character; disposition	性格
6.	开朗	kāilǎng	optimistic; cheerful	朗らかだ、明るい
7.	熟悉	shúxi	to be familiar with	よく知っている；熟知する
8.	摇滚乐	yáogǔnyuè	rock and roll	ロック
9.	幽默	yōumò	humorous	ユーモア
10.	热情	rèqíng	enthusiastic; enthusiasm	親切だ、（態度が）温かい
11.	温柔	wēnróu	gentle and soft	やさしい

第八课 —— 她长得什么样？

Zhùshì 注释 / Notes 解释

1. Běnlái wǒmen dǎsuan wǎnshang qù kàn diànyǐng, kě méi xiǎngdào Lǐ Qiáng tūrán yào chǔlǐ yí jiàn jǐnjí de shìqing.
本来 我们 打算 晚上 去看 电影，可 没 想到 李 强 突然 要 处理 一 件 紧急 的 事情。

"没想到"表示出乎意料。

'Méi xiǎngdào' means 'out of expectation, unexpectedly'.

「没想到」は「思いがけない」という意味を表す。

例：
1) Méi xiǎngdào wǒ de xīn tóngshì shì nǐ gēge.
没 想到 我 的 新 同事 是 你 哥哥。

2) Zhēn méi xiǎngdào nǐmen zǎo jiù rènshi le.
真 没 想到 你们 早 就 认识 了。

3) Méi xiǎngdào zhèli de cài zhème nánchī.
没 想到 这里 的 菜 这么 难吃。

第八課　彼女はどんな人ですか

2 Nándào …… yǒu yuēhuì ma?
　难道 …… 有 约会 吗？

　　"难道"用于加强反问的语气。

　　'Nándào' is used to reiterate a rhetorical question.

　「难道」は反問するニュアンスを強調するときに使われる。

例：1）Tiān zhème hēi, nándào yào xiàyǔ ma?
　　　天 这么 黑，难道 要 下雨 吗？

　　2）Nàge rén yìzhí duì wǒ xiào, nándào tā rènshi wǒ ma?
　　　那个 人 一直 对 我 笑，难道 他 认识 我 吗？

　　3）Děngle zhème jiǔ tā hái méi dào, nándào tā wàngle jīntiān de yuēhuì ma?
　　　等了 这么 久他 还 没 到，难道 他 忘了 今天 的 约会 吗？

3 Guàibude nǐ jīntiān chuān de zhème shuài ne!
　怪不得 你 今天 穿 得 这么 帅 呢！

　　"怪不得"表示明白了原因，对某种情况就不觉得奇怪。

　　'Guàibude' means 'no wonder, so that's why, that explains why'.

　「怪不得」はある状況の原因がわかったので、その状況をおかしいとは思わないようになったという意味を表す。

例：1）Guàibude nǐ shēntǐ zhème hǎo, yuánlái nǐ tiāntiān yùndòng.
　　　怪不得 你 身体 这么 好，原来 你 天天 运动。

　　2）Tiānqì yùbào shuō jīn wǎn yǒu yǔ, guàibude zhème mēn.
　　　天气 预报 说 今 晚 有 雨，怪不得 这么 闷（stuffy、蒸し暑い）。

　　3）A：Wǒ huílai le, jīntiān mángsǐ le!
　　　　我 回来 了，今天 忙死 了！

　　　B：Guàibude nǐ huílai de zhème wǎn.
　　　　怪不得 你 回来 得 这么 晚。

4 Nǐ zhēn bú gòu péngyou!
　你 真 不够 朋友！

　　"不够朋友"表示没有尽朋友应尽的义务或没有帮朋友该帮的忙，多用于口语中，含有责怪的意思，反之则为"够朋友"。

　　'Bú gòu péngyou' is used to complain that one has not done something or helped as a friend should have done. The opposite expression is 'gòu péngyou'. These two expressions are commonly used in spoken Chinese.

「不够朋友」は友達が果たすべき義務を果たしていない、または助けが必要な時に助けないという意味を表す。話し言葉でよく使われる。咎めるニュアンスがある。反対の場合は「够朋友」である。

例：
1) Tā tài bú gòu péngyou, jìngrán bù tōngzhī wǒ.
   他 太 不 够 朋友，竟然 不 通知 我。

2) Tā bāngle nǐ zhème duō, nándào hái bú gòu péngyou ma?
   他 帮了 你 这么 多，难道 还 不 够 朋友 吗？

3) Xiǎo Lǐ zhēn gòu péngyou, bāngle wǒ bù shǎo de máng.
   小 李 真 够 朋友，帮了 我 不 少 的 忙。

5 Dàdà de yǎnjing, chángcháng de tóufa, gāogāo de gèzi, xiào de tiántián de, hěn piàoliang de nǚháizi ma!
大大 的 眼睛，长长 的 头发，高高 的 个子，笑 得 甜甜 的，很 漂亮 的 女孩子 嘛！

有些形容词可以重叠使用，用在句中强调程度。一般来说，单音节形容词的重叠形式是"AA"，双音节形容词的重叠形式是"AABB"。

Some adjectives can be reduplicated to emphasize the degree. A one-syllable adjective is usually reduplicated as 'AA', and a two-syllable adjective is usually reduplicated as 'AABB'.

形容詞の繰り返しは程度の高さを強調する。一般的には、単音節の形容詞の重ね型は「AA」で、二音節の場合は「AABB」である。

例：
1) Tā ānān-jìngjìng de zuò zài nàli, yí jù huà yě bù shuō.
   她 安安 静静 地 坐 在 那里，一 句 话 也 不 说。

2) Wǒ de lǎojiā shì yí gè xiǎo chéngshì, nàli zǒngshì yǒu lánlán de tiān、báibái de yún.
   我 的 老家 是 一 个 小 城市，那里 总是 有 蓝蓝 的 天、白白 的 云。

3) Tā bǎ fángjiān shōushi de gāngān-jìngjìng de.
   他 把 房间 收拾 得 干干 净净 的。

6 Jiànjiàn de wǒmen jiù shúxi le.
渐渐 地 我们 就 熟悉 了。

"渐渐"表示事态缓慢地发展或时间缓慢地推移。如果"渐渐"用于主语前，必须带"地"。

第八课 她长得什么样？

157

第八課　彼女はどんな人ですか

'Jiànjiàn' means 'gradually'. When 'jiànjiàn' is used before the subject, 'de' should follow 'jiànjiàn'.

「渐渐」は物事がゆっくり発展する、時間がゆっくり推移するという意味を表す。主語の前に使う場合、「地」が必要である。

例：
1）　Tiānqì jiànjiàn (de) rè le.
　　 天气　渐渐　（地）热　了。

2）　Tā jiànjiàn (de) xíguànle zhèli de shēnghuó.
　　 他　渐渐　（地）习惯了　这里　的　生活。

3）　Jiànjiàn de wǒmen chéngle hǎo péngyou.
　　 渐渐　地　我们　成了　好　朋友。

Liànxí 练习 / Exercises 練習

1 连词成句。

Organize the following sentences.

次の言葉を使って、文を完成しなさい。

1）　nǐ   duì   cì   le   cāi   zhè
　　 你   对   次   了   猜   这

_____

2）　chàdiǎnr   duō   le   Lǐ Qiáng   zuótiān   hē
　　 差点儿   多   了   李 强   昨天   喝

_____

3）　yǐjīng   le   bǎ   wán   wǒ   chī   qiǎokèlì
　　 已经   了   把   完   我   吃   巧克力

_____

4）　yǒu   xīwàng   dào   Jiékè   kàn   Fāng Kěkě   jīhui
　　 有   希望   到   杰克   看   方 可可   机会

_____

5）　guò   wán   shàng   Rìyǔkè   zài   le   liǎng   gè   yuè   jiù
　　 过   完   上   日语课   再   了   两   个   月   就

_____

158

Unit 8 How does she look?

2 用"难道"造句。

Make sentences with 'nándào'.

「难道……」を使って、文を作りなさい。

> Jiékè jīntiān chuān dé hěn shuài.
> 例：杰克 今天 穿 得 很 帅。
> Nándào Jiékè jīntiān yǒu yuēhuì?
> 　　难道 杰克 今天 有 约会？

Lǐ Qiáng jīntiān méi lái shàngbān.
1）李 强 今天 没 来 上班。
_____

Jiékè bǎ yí gè nǚháizi de zhàopiānr fàng zài zhuōzi shàng.
2）杰克 把 一 个 女孩子 的 照片儿 放 在 桌子 上。
_____

Wǒ dǎkāi xīn yóujiàn de shíhou, diànnǎo tūrán sǐjī le.
3）我 打开 新 邮件 的 时候，电脑 突然 死机 了。
_____

Yǐjīng dàole kāihuì de shíjiān, kěshì dàjiā dōu méi lái.
4）已经 到了 开会 的 时间，可是 大家 都 没 来。
_____

Xiàle chūzūchē, dàole jiā, wǒ tūrán zhǎo bú dào shǒujī le.
5）下了 出租车，到了 家，我 突然 找 不 到 手机 了。
_____

3 用形容词重叠的形式完成句子。

Complete the following sentences with reduplicate adjectives.

形容詞の「重ね形」を用いて、文を完成しなさい。

1） _____ de tiān.
　　_____ 的 天。

2） _____ de cǎodì.
　　_____ 的 草地。

3） _____ de huār.
　　_____ 的 花儿。

第八课　她长得什么样？

159

第八課　彼女はどんな人ですか

　　　Zhège nǚháizi de tóufa _____ de.
4）这个 女孩子 的 头发 _____ 的。

　　　Nàge nǚháizi de yǎnjing _____ de.
5）那个 女孩子 的 眼睛 _____ 的。

　　　Tā xiào de _____ de.
6）她 笑 得 _____ 的。

4 用所给的词完成句子。

Complete the following sentences with the words given.

括弧の中の単語を使って、文を完成しなさい。

　　　Zuótiān wǒ diūle shǒujī, _____. (méi xiǎngdào)
1）昨天 我 丢了 手机, _____。（没 想到）

　　　Wǒ yǐwéi wǒ méiyou jīhui zài jiàndào tā le, _____
2）我 以为 我 没有 机会 再 见到 她 了, _____
　　　_____. (méi xiǎngdào)
　　　_____。（没 想到）

　　　Jīntiān zǎoshang wǒ chūlai de shíhou tiānqì hěn hǎo, _____
3）今天 早上 我 出来 的 时候 天气 很 好, _____
　　　_____. (méi xiǎngdào)
　　　_____。（没 想到）

　　　Yuánlái tāmen hěn jiǔ yǐqián jiù rènshi le, _____. (guàibudé)
4）原来 他们 很 久 以前 就 认识 了, _____。（怪不得）

　　　Yuánlái nǐ jīntiān wǎnshang yào hé nánpéngyou yuēhuì, _____
5）原来 你 今天 晚上 要 和 男朋友 约会, _____
　　　_____. (guàibudé)
　　　_____。（怪不得）

　　　Yuánlái nǐ yǒu yí gè Zhōngguó nǚpéngyou, _____. (guàibudé)
6）原来 你 有 一个 中国 女朋友, _____。（怪不得）

　　　Wǒmen shì hǎo péngyou, yīnggāi _____. (hùxiāng)
7）我们 是 好 朋友, 应该 _____。（互相）

　　　Wǒmen yīnggāi _____, gòngtóng jìnbù. (hùxiāng)
8）我们 应该 _____, 共同 进步。（互相）

　　　Tiānqì _____, nǐ míngtiān yào duō chuān yìdiǎnr. (jiànjiàn)
9）天气 _____, 你 明天 要 多 穿 一点儿。（渐渐）

Unit 8 How does she look?

10）　　　Wǒ gāng lái Zhōngguó de shíhou, yìdiǎnr dōu bù xíguàn chī Zhōngguócài,
　　　　我 刚 来 中国 的 时候，一点儿 都 不 习惯 吃 中国菜，
　　　_____．（jiànjiàn）
　　　_____。（渐渐）

5 选词填空。

Fill in the blanks with the proper words given.

適当な単語を選んで文を完成しなさい。

```
    shuài    piàoliang    hǎokàn
    帅       漂亮         好看
```

1）　Jiékè de nǚpéngyou yòu _____ yòu wēnróu, guàibudé Jiékè zhème xǐhuan tā.
　　杰克 的 女朋友 又 _____ 又 温柔，怪不得 杰克 这么 喜欢 她。

2）　Zhè běn shū zhēnshi tài _____、tài yǒu yìsi le, wǒ zuótiān wǎnshang kàn dào
　　这 本 书 真是 太 _____、太 有 意思 了，我 昨天 晚上 看 到
　　shí'èr diǎn.
　　十二 点。

3）　Wǒ juéde nánrén _____ bú _____ bú zhòngyào, zhòngyào de shì tā yídìng yào
　　我 觉得 男人 _____ 不 _____ 不 重要， 重要 的 是 他 一定 要
　　ài nǐ, duì nǐ hǎo.
　　爱 你、对 你 好。

4）　Zhōngguócài yòu _____ yòu hǎochī, guàibudé hěn duō wàiguórén dōu xǐhuan qù
　　中国菜 又 _____ 又 好吃，怪不得 很 多 外国人 都 喜欢 去
　　Zhōngguó fàndiàn chīfàn.
　　中国 饭店 吃饭。

```
    yǐwéi    kāilǎng    yuánlái    jǐngdiǎn    wánquán
    以为     开朗       原来       景点        完全

    gòngtóng    guàibudé    jièshào    méi xiǎngdào
    共同        怪不得      介绍       没 想到
```

5）　Shàng gè xīngqī wǒ qù Dàlián lǚxíng, zài fēijī shàng rènshile yí gè Zhōngguó
　　上 个 星期 我 去 大连 旅行，在 飞机 上 认识了 一个 中国
　　nǚháizi, jiào Xiǎofāng. Tā hěn piàoliang, yě hěn _____. Zài fēijī shàng, wǒmen
　　女孩子，叫 小芳。她 很 漂亮，也 很 _____。在 飞机 上， 我们

第八课　她长得什么样？

161

第八課　彼女はどんな人ですか

yìzhí zài liáotiān. Wǒ yìzhí _____ Zhōngguórén de àihào hé wǒmen _____ bù
一直 在 聊天。我 一直 _____ 中国人 的 爱好 和 我们 _____ 不
yíyàng. _____ wǒ hé Xiǎofāng yǒu hěn duō _____ de àihào. Wǒmen dōu
一样。_____ 我 和 小芳 有 很 多 _____ 的 爱好。我们 都
xǐhuan lǚyóu, xǐhuan dǎ wǎngqiú, xǐhuan kàn Měiguó diànyǐng. Xiǎofāng hái gěi wǒ
喜欢 旅游，喜欢 打 网球，喜欢 看 美国 电影。小芳 还 给 我
_____ le hěn duō Dàlián yǒumíng de _____. Xiǎofāng shì Dàliánrén,
_____ 了 很 多 大连 有名 的 _____。小芳 是 大连人，
dàxué bìyè hòu liú zài Guǎngzhōu gōngzuò, _____ tā zhème liǎojiě Dàlián. Wǒ
大学 毕业 后 留 在 广州 工作，_____ 她 这么 了解 大连。我
xīwàng néng zài jiàndào Xiǎofāng, suǒyǐ xià fēijī de shíhou, wǒ gěile tā wǒ de
希望 能 再 见到 小芳，所以 下 飞机 的 时候，我 给了 她 我 的
diànhuà hàomǎ hé yóuxiāng dìzhǐ. Jīntiān zǎoshang, wǒ shōudàole Xiǎofāng de
电话 号码 和 邮箱 地址。今天 早上，我 收到了 小芳 的
diànzǐ yóujiàn. Wǒ zhēnshi tài gāoxìng le!
电子 邮件。我 真是 太 高兴 了！

6 改错。

Correct the following sentences.

間違いを直しなさい。

Jīntiān tā chuān de tèbié piàopiào-liàngliàng de.
1）今天 她 穿 得 特别 漂漂 亮亮 的。

Wǒ xǐhuan piàoliang、yōumò nǚháizi.
2）我 喜欢 漂亮、幽默 女孩子。

Tā zǒngshì yuēhuì wǒ qù chīfàn, měi cì dōu shì chīfàn, tài wúliáo le.
3）他 总是 约会 我 去 吃饭，每 次 都 是 吃饭，太 无聊 了。

Nǐmen yīnggāi lǐjiě hùxiāng、bāngzhù hùxiāng.
4）你们 应该 理解 互相、帮助 互相。

Guàibudé zuìjìn lǎoshi jiàn bú dào nǐ, běnlái nǐ jiāo nǚpéngyou le a.
5）怪不得 最近 老是 见 不 到 你，本来 你 交 女朋友 了啊。

7 根据实际情况回答问题。

Answer the following questions.

実際の状況に基づいて、質問に答えなさい。

1) 在 你们 国家，人们 约会 的 时候 一般 去 哪里？做 什么？

2) 在 你们 国家，一般 什么 时候 把 男朋友／女朋友 介绍 给 爸爸 妈妈？

8 阅读短文并回答问题。

Read the following passage and answer the questions.

次の短文を読んで、質問に答えなさい。

一个 "白骨精" 的 苦恼①

以前《西游记》② 里 的 一 个 女 妖怪③ 叫 "白骨精"，现在 "白骨精" 有了 新 的 意思，就 是 "白领④ + 骨干⑤ + 精英⑥"，是 指 工作 好、收入⑦ 好、又 漂亮 的 女人。所以 如果 有 人 叫 你 "白骨精"，你 不 用 觉得 不 高兴。

我，三十 岁，大学 毕业，在 外企 工作 已经 六 年 多 了，收入 也 可以。每 天 上班、加班、下班、回家。三十 岁 生日 那 一 天，妈妈 说："祝 你 生日 快乐！希望 你 早点儿 找到 另 一 半！" 突然 发现 自己 竟然 三十 岁 了，可 还是 一 个 人。二十 几 岁 的 时候，我 说："等 一 等，男朋友 总是 会 有 的。" 现在 妈妈 说："别 再 等 了，来不及 了。" 对 我 来 说，找 一 个 好 的 工作 不 是 难 事，可是 找 男朋友，我 就 不 知道 去 哪里 找，也 不 知道 怎么 找。你 说 我 该 怎么办？

Unit 8 How does she look?

第八课 她长得什么样？

163

第八課　彼女はどんな人ですか

①	苦恼	kǔnǎo	worry; vexation	悩み
②	《西游记》	《Xīyóujì》	Journey to the West	《西遊記》
③	妖怪	yāoguài	monster	化け物、妖怪
④	白领	báilǐng	white-collar	ホワイトカラー
⑤	骨干	gǔgàn	backbone	中心となる
⑥	精英	jīngyīng	elite	エリート
⑦	收入	shōurù	earnings; income	収入

1）你觉得她怎样才能找到另一半？

2）在你的国家，职业女性（career woman，キャリアウーマン）有这样的问题吗？

3）你觉得女人应该找什么样的另一半呢？条件（requirement，要求）是什么？

9 课堂活动。

Practice in class.

練習。

1）用所给词语说说你理想中的男朋友/女朋友。

> shuài　piàoliang　wēnróu　yōumò　kāilǎng
> 帅　　漂亮　　温柔　　幽默　　开朗
> nèixiàng　rèqíng　gèzi　gōngzuò
> 内向　　热情　　个子　　工作

2）回答问题并进行辩论。

问题：你会找一个不同国家的男朋友/女朋友吗？为什么？你觉得不同国家、不同文化的人生活在一起会有问题吗？

正方：不同国家、不同文化的人可以生活在一起。

反方：不同国家、不同文化的人不可以生活在一起。

Tīnglì 听力 / Listening ヒアリング

1 Tīng lùyīn, wánchéng jùzi.
听 录音，完成 句子。

1) Jīnglǐ běnlái jīntiān xiūxi, _____.
   经理 本来 今天 休息，_____。

2) Nǐ zuìjìn _____?
   你 最近 _____?

3) Wǒ mèimei shì gè _____, tā zǒngshì néng ràng wǒmen kāixīn.
   我 妹妹 是 个 _____，她 总是 能 让 我们 开心。

4) _____, yīnwei xiǎoshíhou zài zhèlǐ zhùguo.
   _____, 因为 小时候 在 这里 住过。

5) _____, suǒyǐ méi gàosu nǐ.
   _____, 所以 没 告诉 你。

2 Tīng duìhuà, xuǎnzé zhèngquè de dá'àn.
听 对话，选择 正确 的 答案。

1) A. yuēhuì 约会　　B. māma de shēngri 妈妈的 生日

2) A. rènshi 认识　　B. bú rènshi 不 认识

3) A. xǐhuan 喜欢　　B. bù xǐhuan 不 喜欢

4) A. yǒu 有　　B. méiyou 没有

5) A. huì 会　　B. bú huì 不 会

3 Tīng duìhuà, huídá wèntí.
听 对话，回答 问题。

1) Wáng Huì děngle Lǐ Qiáng duō cháng shíjiān?
   王 慧 等了 李 强 多 长 时间？

2) Wèishénme Lǐ Qiáng yào jiābān?
   为什么 李 强 要 加班？

第八课 她长得什么样？

165

　　　　　　Jiékè hé Lǐ Qiáng zài tóng yí ge bùmén ma?
3）杰克 和 李 强 在 同 一 个 部门 吗？

　　　　　　Jiékè jīntiān wǎnshang qù zuò shénme?
4）杰克 今天 晚上 去 做 什么？

　　　　　　Lǐ Qiáng hé Wáng Huì qù kàn diànyǐng le ma?
5）李 强 和 王 慧 去 看 电影 了 吗？

Nǐ xūyào zhīdao de shēnghuó Hànzì
你 需要 知道 的 生活 汉字
The Chinese Characters You Need to Know
知っておくべき生活中の漢字

茶是中国人的传统饮品，而今我们有了更多的选择。
Tea is a traditional drink in China. But today we have more choices.
お茶は中国人の伝統的な飲み物であるが、今日、さらに多くの選択肢がある。

① 雪碧（xuěbì, Sprite, スプライト）

② 可乐（kělè, cola, コーラ）

③ 乌龙茶（wūlóngchá, oolong tee, ウーロン茶）

④ 矿泉水（kuàngquánshuǐ, mineral water, ミネラルウォーター）

| 雪 | 碧 | 可 | 乐 | 乌 | 龙 | 茶 | 矿 | 泉 | 水 |

Nǐ xūyào zhīdao de Zhōnghuá chéngyǔ
你需要知道的中华成语
The Chinese Idioms You Need to Know
知っておくべき中国成語

yìyánwéidìng
一言为定

"一言为定"表示说了就算数,不再反悔。

'Yìyánwéidìng' means 'keep one's word and never go back on it'.

一度約束した以上は反故にはしない。

yán: speech; remark　　　wéi: to take as; to mean　　　dìng: settled; determined
言：言う　　　　　　　　为：〜となる　　　　　　　　定：決める

例：① A： Rúguǒ xià cì nǐ lái wǒmen guójiā, wǒ yídìng dài nǐ qù kàn wǒmen nàr zuì
　　　　如果下次你来我们国家,我一定带你去看我们那儿最
　　　　piàoliang de fēngjǐng.
　　　　漂亮的风景。
　　B： Hǎo, yìyánwéidìng.
　　　　好,一言为定。
　　A： Yìyánwéidìng.
　　　　一言为定。

② A： Wǒmen dǎsuan xīngqīyī hé guì gōngsī qiān hétong.
　　　　我们打算星期一和贵公司签合同。
　　B： Hǎo, yìyánwéidìng.
　　　　好,一言为定。

第八课　她长得什么样?

167

第九課　どこに遊びにつれて行ったらいいんでしょうか

Dì-jiǔ Kè
第 九 课
Unit 9
第 九 課

Dài tāmen qù nǎli wánr hǎo ne?
带 他们 去 哪里 玩儿 好 呢？
Where shall I show them around?
どこに遊びにつれて行ったらいいんでしょうか

Kèwén
课文

Jiékè: Lǐ Qiáng, xià xīngqī wǒ fùmǔ
杰克：李 强， 下 星期 我 父母
　　　hé mèimei yào lái Shànghǎi
　　　和 妹妹 要 来 上海
　　　wán, dàgài dāi yí gè xīngqī.
　　　玩， 大概 呆 一 个 星期。
　　　Nǐ shuō, wǒ dài tāmen qù
　　　你 说， 我 带 他们 去
　　　nǎli wánr hǎo ne?
　　　哪里 玩儿 好 呢？

Lǐ Qiáng: Tāmen shì dì-yī cì lái Shànghǎi ma?
李 强：他们 是 第一 次 来 上海 吗？

Jiékè: Duì. Tāmen jǐ nián qián céngjīng qùguo Běijīng, kěshì
杰克：对。他们 几 年 前 曾经 去过 北京，可是
　　　hái cóng méi láiguo Shànghǎi.
　　　还 从 没 来过 上海。

168

Unit 9　Where shall I show them around?

李　强：上海 最 有名 的 地方 当然 是 外滩、东方明珠 和 豫园。

杰克：这 我 也 知道。可是 这些 地方 逛 一 天 就 够 了，剩下 的 几 天 去 哪里 呢？

李　强：那 我 建议 你 带 他们 去 上海 博物馆，了解 一下儿 中国 的 文化。

杰克：好 主意！我 妹妹 在 大学 的 专业 就 是 中国 文化，她 一定 会 对 博物馆 非常 感 兴趣 的。

李　强：还有，你们 参观 完 博物馆 以后，可以 顺便 去 看看 上海 城市 规划馆。

杰克：规划馆 里面 有 什么？

李　强：里面 有 很多 上海 的 老 照片儿，还有 上海 将来 的 城市 规划。在 那里，你 能

第九课　带他们去哪里玩儿好呢？

第九課　どこに遊びにつれて行ったらいいんでしょうか

　　　　　　zhīdao Shànghǎi shíjǐ nián yǐhòu shì shénme yàngzi.
　　　　　　知道　上海　十几年　以后　是　什么　样子。

Jiékè:　　Zhēn yǒu yìsi. Wǒ fùmǔ yídìng huì duì Shànghǎi de
杰克：　　真　有　意思。我　父母　一定　会　对　上海　的
　　　　　　biànhuà hěn gǎn xìngqù.
　　　　　　变化　很　感　兴趣。

Lǐ Qiáng:　Wǎnshang nǐ hái kěyǐ dài nǐ de jiārén qù Dàjùyuàn tīng
李　强：　晚上　你　还　可以　带　你　的　家人　去　大剧院　听
　　　　　　yīnyuèhuì, huòzhě dào Shànghǎishāngchéng kàn zájì.
　　　　　　音乐会，或者　到　　上海商城　　看　杂技。

Jiékè:　　Tài hǎo le! Wǒ māma duì Zhōngguó de zájì tèbié
杰克：　　太　好　了！我　妈妈　对　中国　的　杂技　特别
　　　　　　hàoqí, zǎo jiù xiǎng kàn le. Duì le, wǒ mèimei xǐhuan
　　　　　　好奇，早　就　想　看　了。对　了，我　妹妹　喜欢
　　　　　　guàng jiē, nǐ shuō qù nǎli hǎo ne?
　　　　　　逛　街，你　说　去　哪里　好　呢？

Lǐ Qiáng:　Zhège…… Wǒ duì guàng jiē bú tài shúxi a. Wǒ zhǐ
李　强：　这个……　我　对　逛　街　不太　熟悉　啊。我　只
　　　　　　zhīdao Wáng Huì hěn xǐhuan qù guàng yìxiē xiǎo diàn.
　　　　　　知道　王　慧　很　喜欢　去　逛　一些　小　店。
　　　　　　Zhèyàng ba, dào shíhou ràng Wáng Huì péi nǐ mèimei qù
　　　　　　这样　吧，到　时候　让　王　慧　陪　你　妹妹　去
　　　　　　guàng jiē hǎo le. Tā mǎi de dōngxi tōngcháng yòu hǎo
　　　　　　逛　街　好　了。她　买　的　东西　通常　又　好
　　　　　　yòu piányi.
　　　　　　又　便宜。

Jiékè:　　Hǎojí le! Háiyǒu, Shànghǎi yǒu nàme duō fàndiàn, wǒ
杰克：　　好极　了！还有，上海　有　那么　多　饭店，我

Unit 9 Where shall I show them around?

yīnggāi dài tāmen qù nǎli chīfàn ne?
应该 带 他们 去 哪里 吃饭 呢?

Lǐ Qiáng: Zài Shànghǎi, nǐ kěyǐ chīdào zhèngzōng de Sìchuāncài、
李 强： 在 上海， 你 可以 吃到 正宗 的 四川菜、
Hángzhōucài、 Guǎngdōngcài、 Húnáncài、 Xīnjiāngcài、
杭州菜、 广东菜、 湖南菜、 新疆菜、
Dōngběicài děngděng, dāngrán háiyǒu Shànghǎicài. Dào
东北菜 等等， 当然 还有 上海菜。 到
shíhou nǐ kěyǐ dài tāmen měi zhǒng cài dōu
时候 你 可以 带 他们 每 种 菜 都
chángchang.
尝尝。

Jiékè: Hǎo. Dào shíhou, wǒ qǐng nǐ hé Wáng Huì gēn wǒ
杰克： 好。 到 时候， 我 请 你 和 王 慧 跟 我
jiārén yìqǐ chīfàn, hǎo ma?
家人 一起 吃饭， 好 吗？

Lǐ Qiáng: Hǎo a, xièxie nǐ! Yǒu rén qǐngkè wǒ zuì gāoxìng le!
李 强： 好 啊，谢谢 你！ 有 人 请客 我 最 高兴 了！

第九课 带他们去哪里玩儿好呢？

Shēngcí 生词 | Vocabulary 単語

1. 父母	fùmǔ	father and mother; parents	両親
2. 曾经	céngjīng	once	かつて、以前
3. 剩下	shèngxià	to be left (over); to remain	残す、残る
4. 建议	jiànyì	to advise; to suggest	提案する
5. 博物馆	bówùguǎn	museum	博物館
6. 专业	zhuānyè	specialized subject	専門
7. 感兴趣	gǎn xìngqù	to be interested in	興味がある

8. 参观	cānguān	to visit	見学する
9. 顺便	shùnbiàn	incidentally; by the way	ついでに
10. 将来	jiānglái	future	将来
11. 变化	biànhuà	change	変化
12. 剧院	jùyuàn	theater	劇場
13. 杂技	zájì	acrobatics	雑技、曲芸
14. 好奇	hàoqí	curious	好奇心がある
15. 陪	péi	to accompany	付き合う；お供をする
16. 通常	tōngcháng	usual; normal; general	通常、いつも

Zhuānyǒu Míngcí 专有名词 | Proper Nouns 固有名詞

1. 东方明珠	Dōngfāngmíngzhū	Oriental Pearl TV Tower	東方明珠タワー
2. 上海城市规划馆	Shànghǎi Chéngshì Guīhuàguǎn	Shanghai Urban Planning Exhibition Center	上海都市企画館
3. 上海商城	Shànghǎishāngchéng	Shanghai Center	上海センター

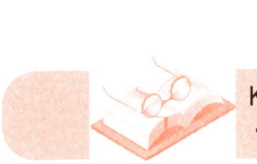

Kèwén 课文 （二）

Luólán, nǐ hǎo!
罗兰，你好！
　　Wǒ yǐjīng dào Shànghǎi
　　我已经到上海
sān tiān le. Zhè cì lǚxíng
三天了。这次旅行
bàngjí le! Wǒ méi xiǎngdào
棒极了！我没想到

第九课 带他们去哪里玩儿好呢？

上海发展得这么快，到处都是现代建筑，已经发展成一个国际大都市了。杰克带我参观了城市规划馆，在那里看到了很多老上海的照片儿。我真不能相信在这么短的时间里，上海就有了这么大的变化。我还去了外滩、东方明珠、豫园等地方。其中，我觉得豫园最特别。在豫园，不仅有很多传统建筑，还有中国的传统点心和手工艺品。那里的点心种类很多，不但看起来漂亮，吃起来味道也好极了。你知道，我一直对中国的手工艺品感兴趣，比如说中国结，对它的做法很好奇。这次我终于看到了它是怎么做的。没想到中国结看起来复杂，其实做起来挺容易的。我跟老师傅学习了它的做法，还做了一

第九課　どこに遊びにつれて行ったらいいんでしょうか

gè dǎsuan sòng gěi nǐ ne. Guàngwánle Yù Yuán, wǒmen yòu qù
个　打算　　送　给　你　呢。逛完了　　豫园，我们　又　去
cānguānle Yùfó Sì, chīle nàli de sùcài. Nàxiē cài kàn qilai shì
参观了　　玉佛寺，吃了　那里　的　素菜。那些　菜　看　起来　是
jī-yā-yú-ròu, qíshí dōu shì yòng dòufu hé shūcài zuò de, wèidao
鸡鸭鱼肉，其实　都　是　用　豆腐　和　蔬菜　做　的，味道
tèbié hǎo. Yǒu yìsi de shìqing tài duō le, wǒ huí guó yǐhòu zài
特别　好。有　意思　的　事情　太　多　了，我　回　国　以后　再
gàosu nǐ ba!
告诉　你　吧！

　　　　　　　　　　　　　　　　　　　　　　　　Lìshā
　　　　　　　　　　　　　　　　　　　　　　　　丽莎

🔴 Shēngcí　　　　　　　Vocabulary
　　生词　　　　　　　　　単語

1. 棒	bàng	good; excellent; terrific	すばらしい
2. 现代	xiàndài	modern	現代
3. 成	chéng	to become; to turn into	〜となる
4. 国际	guójì	international	国際
5. 都市	dūshì	city; metropolis	都市
6. 不仅	bùjǐn	not only	〜だけではなく
7. 手工艺品	shǒugōngyìpǐn	handicrafts	工芸品
8. 种类	zhǒnglèi	kind	種類
9. 中国结	Zhōngguójié	Chinese knot	中国結び
10. 做法	zuòfǎ	way of doing or making a thing	作り方
11. 终于	zhōngyú	finally; at last	やっと
12. 复杂	fùzá	complicated	複雑
13. 素菜	sùcài	vegetable dish	精進料理
14. 鸡鸭鱼肉	jī-yā-yú-ròu	meat (chicken, duck, fish, meat)	肉料理（鶏、あひる、魚、豚肉）
15. 蔬菜	shūcài	vegetables	野菜

Unit 9　Where shall I show them around?

Zhuānyǒu Míngcí 专有 名词 | Proper Nouns 固有名詞

玉佛寺　　Yùfó Sì　　**Jade Buddha Temple**　　玉仏寺

Zhùshì 注释 | Notes 解释

Dào shíhou ràng Wáng Huì péi nǐ mèimei qù guàng jiē hǎo le.
① 到时候 让 王 慧 陪 你 妹妹 去 逛 街 好 了。

"到时候"表示在将来的某个时候。

'Dào shíhou' means 'at a certain time in future'.

「到時候」は将来のある時点を表す。

　　　　Zhège zhōumò wǒ xiǎng qù kàn diànyǐng, dào shíhou wǒmen yìqǐ qù hǎo ma?
例：1) 这个 周末 我 想 去 看 电影，到 时候 我们 一起 去 好 吗？

　　　　Tīngshuō míngtiān shàngwǔ huì xiàyǔ, dào shíhou nǐ dài bǎ sǎn chūmén ba.
　　2) 听说 明天 上午 会 下雨，到 时候 你 带 把 伞 出门 吧。

　　　　Wǒ hái méi xiǎng hǎo fàngjià yǐhòu qù nǎli wánr, dào shíhou zài shuō ba.
　　3) 我 还 没 想 好 放假 以后 去 哪里 玩儿，到 时候 再 说 吧。

Tā mǎi de dōngxi tōngcháng yòu hǎo yòu piányi.
② 她 买 的 东西 通常 又 好 又 便宜。

请注意区分"通常"和"经常/常常"的区别。"通常"强调一般的行为或状态，而"经常/常常"则表示动作行为发生的次数多，时间间隔短。

'Tōngcháng' and 'jīngcháng/chángcháng' are different. 'Tōngcháng' means 'normally', while 'jīngcháng/chángcháng' indicates the frequency of an action is high and the intervals are short.

「通常」、「経常/常常」の区別に注意すること。「通常」は普通の行為、状態を強調する。「経常/常常」は動作、行為の発生する回数が多く、間隔が短いという意味を表す。

　　　　Chīguo wǎnfàn yǐhòu, wǒmen tōngcháng huì chūqu sànsanbù.
例：1) 吃过 晚饭 以后，我们 通常 会 出去 散散步。

第九课　带他们去哪里玩儿好呢？

175

第九課　どこに遊びにつれて行ったらいいんでしょうか

　　　　　　　Nǐ yào jīngcháng / chángcháng gěi wǒ xiě xìn a.
　　　2）你　要　经常　/　常常　给　我　写　信　啊。
　　　　　　　Wǒ tōngcháng zài wǎnshang shí'èr diǎn yǐqián shuìjiào.
　　　3）我　通常　在　晚上　十二　点　以前　睡觉。

　　　　　　Shànghǎi yǐjīng fāzhǎn chéng yí gè guójì dà dūshì le.
3　上海　已经　发展　成　一个　国际　大　都市　了。

　　　在"动词＋成"中，"成"做动词的补语，补充说明某个动作的结果怎么样。

　　　In the structure 'v. + chéng', 'chéng' is the complement of the verb, indicating the result of the action.

　　「成」は動詞の結果補語であり、動詞の結果がどうかを説明する。

　　　　　　　Zuótiān zài fàndiàn, wǒ xiǎng shuō "mǐfàn xiān shàng", kěshì shuōchéngle
例：1）昨天　在　饭店，我　想　说　"米饭　先　上"，可是　说成了
　　　　　　　"mǐfàn xiānsheng".
　　　　　　　"米饭　先生"。
　　　　　　　Yìbǎi kuài de zhàngdān, wǒ kànchéngle yìqiān kuài.
　　　2）一百　块　的　账单，我　看成了　一千　块。
　　　　　　　Tā bǎ míngzi gǎichéngle "Dàwèi".
　　　3）他　把　名字　改成了　"大卫"。

　　　　　　Zài Yù Yuán, bùjǐn yǒu hěn duō chuántǒng jiànzhù, hái yǒu Zhōngguó de chuántǒng
4　在　豫　园，不仅　有　很　多　传统　建筑，还　有　中国　的　传统
diǎnxin hé shǒugōngyìpǐn.
点心　和　手工艺品。

　　　"不仅……还/而且……"表示递进关系，后一分句的意思比前一分句更进一层。

　　　'Bùjǐn……hái/érqiě……' means 'not only… but also…'.

　　「不仅……还/而且……」は後ろの文が前の文より程度が一層深いという意味を表す。

　　　　　　　Nàge dìfang wǒ bùjǐn qùguo érqiě qùguo liǎng cì.
例：1）那个　地方　我　不仅　去过　而且　去过　两　次。
　　　　　　　Zhège shìchǎng de shūcài bùjǐn pǐnzhǒng duō érqiě jiàgé piányi.
　　　2）这个　市场　的　蔬菜　不仅　品种　多　而且　价格　便宜。
　　　　　　　Tā bùjǐn shì wǒmen de lǎoshī, hái shì wǒmen de péngyou.
　　　3）他　不仅　是　我们　的　老师，还　是　我们　的　朋友。

Méi xiǎngdào Zhōngguójié kàn qilai fùzá, qíshí zuò qilai tǐng róngyì de.
5 没 想到 中国结 看起来 复杂，其实 做起来 挺 容易 的。

这里"起来"用在动词后面，表示对事物进行估计或评价。

Here 'qǐlai' is used after verbs to indicate an estimate or evaluation.

「起来」は動詞の後に用い、話し手が物事を推量し、評価するという意味を表す。

Chòu dòufu wén qilai chòu, kě chī qilai tǐng xiāng de.
例：1) 臭 豆腐 闻起来 臭，可 吃起来 挺 香 的。

Hěn duō shì dōu shì shuō qilai róngyì zuò qilai nán.
2) 很 多 事 都 是 说 起来 容易 做 起来 难。

Tā de shēngyīn tīng qilai xiàng gè háizi.
3) 他 的 声音 听起来 像 个 孩子。

Liànxí 练习 | Exercises 練習

1 连词成句。

Organize the following sentences.

次の単語を使って、文を作りなさい。

wénhuà gǎn xìngqù fēicháng duì lǎowài Zhōngguó de
1) 文化 感 兴趣 非常 对 老外 中国 的

zhōngyú děng le jiǔ tā zhème lái le tā
2) 终于 等 了 久 他 这么 来 了 他

qù búcuò tīng qilai wán Dàlián
3) 去 不错 听起来 玩 大连

Jiékè xiǎolóngbāo duì de zuòfǎ hàoqí hěn
4) 杰克 小笼包 对 的 做法 好奇 很

Fúzhōu Lù duì wǒ tài bù shúxi
5) 福州 路 对 我 太 不 熟悉

第九課　どこに遊びにつれて行ったらいいんでしょうか

2 用"曾经……过"造句。

Make sentences with 'céngjīng……guo'.

「曾经……过」を使って、文を作りなさい。

> Wǒ céngjīng qùguo Běijīng.
> 例：我　曾经　去过　北京。

1) _____

2) _____

3) _____

4) _____

3 根据课文内容，完成下列句子。

Complete the following sentences according to the text.

テキストの内容に基づいて、次の文を完成しなさい。

　　　Wǒmen kěyǐ dào Shànghǎi Bówùguǎn _____.
1)　我们　可以　到　上海　博物馆 _____。

　　　Wǒmen kěyǐ dào Shànghǎi Chéngshì Guīhuàguǎn _____.
2)　我们　可以　到　上海　城市　规划馆 _____。

　　　Wǒmen kěyǐ dào Shànghǎi Dàjùyuàn _____.
3)　我们　可以　到　上海　大剧院 _____。

　　　Wǒmen kěyǐ dào Yù Yuán _____.
4)　我们　可以　到　豫　园 _____。

　　　Wǒmen kěyǐ dào Yùfó Sì _____.
5)　我们　可以　到　玉佛寺 _____。

　　　Wǒmen kěyǐ dào Shànghǎishāngchéng _____.
6)　我们　可以　到　上海商城 _____。

4 选词填空。

Fill in the blanks with the proper words given.

適当な単語を選んで、文を完成しなさい。

我的汉语教室　中级（二）

Unit 9　Where shall I show them around?

```
chī qilai    hē qilai    kàn qilai    tīng qilai
吃 起来      喝 起来      看 起来       听 起来
shuō qilai   zuò qilai   yòng qilai
说 起来      做 起来      用 起来
```

1) Yùfó Sì de cài _____ shì jī-yā-yú-ròu, _____ cái fāxiàn shì yòng dòufu hé shūcài zuò de.
   玉佛寺的菜 _____ 是鸡鸭鱼肉，_____ 才发现 是 用 豆腐 和 蔬菜 做 的。

2) Zhè jiàn shìqing _____ jiǎndān _____ nán.
   这 件 事情 _____ 简单 _____ 难。

3) Zhè zhǒng chá _____ tǐng kǔ de.
   这 种 茶 _____ 挺 苦 的。

4) Zhè běn zìdiǎn _____ hěn fāngbiàn.
   这 本 字典 _____ 很 方便。

5) Wáng Huì gěi wǒ jiǎngle tā qù Guìlín lǚxíng de jīnglì, _____ Guìlín zhēn shì yí gè hǎo dìfang.
   王 慧给 我 讲了 她 去 桂林 旅行 的 经历，_____ 桂林 真 是 一个 好 地方。

```
búshì……jiùshì……    bùjǐn……hái……    suīrán……dànshì……
不是……就是……        不仅……还……      虽然……但是……
```

6) Zhè cì wǒ qù Zhōngguó, _____ kànle Zhōngguó de zájì _____ kànle Zhōngguó de jīngjù, zhēnshi tài yǒu yìsi le!
   这 次 我 去 中国，_____ 看了 中国 的 杂技 _____ 看了 中国 的 京剧，真是 太 有 意思 了！

7) Zhè liǎng tiān wǒmen _____ chī Shànghǎicài _____ chī Hángzhōucài, shízài tài tián le, jīntiān néng bù néng qù cháng diǎnr bié de?
   这 两 天 我们 _____ 吃 上海菜 _____ 吃 杭州菜，实在 太 甜 了，今天 能 不 能 去 尝 点儿 别 的？

8) Zuótiān wǒ _____ guàngle hěn duō dìfang, _____ yìdiǎnr yě bú lèi.
   昨天 我 _____ 逛了 很 多 地方，_____ 一点儿 也 不 累。

9) Zhè cì wǒ qù Zhōngguó péngyou jiā zuòkè, _____ chīle hěn duō Zhōngguócài, _____ xuéhuìle zěnme bāo jiǎozi.
   这 次 我 去 中国 朋友 家 做客，_____ 吃了 很 多 中国菜，_____ 学会了 怎么 包 饺子。

第九课　带他们去哪里玩儿好呢？

179

第九課　どこに遊びにつれて行ったらいいんでしょうか

10）_____ wǒ duì Zhōngguó de zájì hěn gǎn xìngqù, _____ yìzhí méiyou jīhui qù kàn, zhè cì qù Shànghǎi, zhōngyú yǒu jīhui qù kànkan le.
　　_____ 我 对 中国 的 杂技 很 感 兴趣, _____ 一直 没有 机会 去 看, 这 次 去 上海, 终于 有 机会 去 看看 了。

11）Zhōumò de shíhou, tā _____ qù guàng jiē, _____ qù kàn diànyǐng, cóng bù dāi zài jiāli.
　　周末 的 时候, 她 _____ 去 逛街, _____ 去 看 电影, 从 不 呆 在 家里。

tōngcháng	jīngcháng / chángcháng
通常	经常 / 常常

12）Wǒ _____ xǐhuan yí gè rén qù cānguān bówùguǎn.
　　我 _____ 喜欢 一个 人 去 参观 博物馆。

13）Wǒ _____ péi wǒ māma qù Shànghǎishāngchéng kàn zájì.
　　我 _____ 陪 我 妈妈 去 上海商城 看 杂技。

14）Tā _____ zuò dìtiě shàng-xiàbān.
　　他 _____ 坐 地铁 上 下班。

15）Wǒ tīngshuō nǐ _____ qù Hángzhōu lǚxíng, nà nǐ yídìng duì nàli de jǐngdiǎn hěn shúxi, néng bù néng gěi wǒ jièshào yíxiàr?
　　我 听说 你 _____ 去 杭州 旅行, 那 你 一定 对 那里 的 景点 很 熟悉, 能 不 能 给 我 介绍 一下儿?

5 用所给的词完成句子。

Complete the following sentences with the words given.

括弧の中の単語を使って、文を完成しなさい。

1）Wǒ páiduì páile liǎng gè xiǎoshí, _____. (zhōngyú)
　　我 排队 排了 两 个 小时, _____。（终于）

2）Zhè jǐ tiān yìzhí zài xiàyǔ, dào jīntiān zǎoshang _____. (zhōngyú)
　　这 几 天 一直 在 下雨, 到 今天 早上 _____。（终于）

3）Nǐ qù chāoshì de shíhou, _____. (shùnbiàn)
　　你 去 超市 的 时候, _____。（顺便）

4）Wǒ tīngshuō nǐ zhège xīngqītiān yào qù Yù Yuán, _____. (shùnbiàn)
　　我 听说 你 这个 星期天 要 去 豫 园, _____。（顺便）

5）Jīntiān wǎnshang wǒmen dǎsuan qù guàng Wàitān, _____. (dào shíhou)
　　今天 晚上 我们 打算 去 逛 外滩, _____。（到 时候）

Unit 9　Where shall I show them around?

6）下星期我的好朋友要到上海来看我，＿＿＿＿＿＿＿
＿＿＿＿＿＿＿＿＿＿＿＿＿＿＿＿＿＿＿＿＿＿．(dào shíhou)
＿＿＿＿＿＿＿＿＿＿＿＿＿＿＿＿＿＿＿＿＿＿。(到时候)

6 改错。

Correct the following sentences.

間違いを直しなさい。

1）我们不仅互相认识，也我们常常一起吃饭、听音乐会什么的。

2）他曾经没去过新疆，不过他非常喜欢吃新疆菜。

3）我常常不喝酒，但是今天我要跟你干一杯。

4）他很好奇玉佛寺的素菜。

5）我妹妹很感兴趣在中国的文化。

7 阅读短文并回答问题。

Read the following passage and answer the questions.

短文を読んで、質問に答えなさい。

一白遮①百丑

我来中国已经五年了。我的朋友都叫我中国通②，其实我觉得还有很多东西是我不知道、不了解的。

在中国有很多有意思的事情。比如说，我刚来中国的时候，当时是夏天，天气又闷③又热。我发现在马路上很多女孩子打伞④。我觉得很奇怪，没有下雨，为什么打伞呢？

第九课　带他们去哪里玩儿好呢？

181

第九課　どこに遊びにつれて行ったらいいんでしょうか

Nándào shì……? Hòulái péngyou gàosu wǒ, zhèli de nǚháizi xǐhuan pífū ⑤ báibái
难道 是……? 后来 朋友 告诉 我, 这里 的 女孩子 喜欢 皮肤 白白

de, tāmen pà shài ⑥ hēi, suǒyǐ dǎsǎn. Zhēn de ma? Wǒ zuì xǐhuan hēihēi de pífū
的, 她们 怕 晒 黑, 所以 打伞。真 的 吗? 我 最 喜欢 黑黑 的 皮肤

le, kàn qilai duō jiànkāng ⑦ a!
了, 看 起来 多 健康 啊!

Wǒ de Zhōngwén lǎoshī gàosu wǒ, Zhōngguó yǒu yí jù huà jiào "Yì bái zhē bǎi
我 的 中文 老师 告诉 我, 中国 有 一 句 话 叫"一 白 遮 百

chǒu", yìsi shì zhǐyào pífū bái, zhǎng de nánkàn yìdiǎnr méi guānxi. Tā hái shuō,
丑",意思 是 只要 皮肤 白, 长 得 难看 一点儿 没 关系。她 还 说,

Zhōngguórén xǐhuan yǎnjing dàdà de、bízi ⑧ gāogāo de、pífū báibái de nǚháizi. Zhèxiē
中国人 喜欢 眼睛 大大 的、鼻子 高高 的、皮肤 白白 的 女孩子。这些

wǒ dōu yǒu a! Hāha, méi xiǎngdào zài Zhōngguórén de yǎnjingli, wǒ shì gè dà měinǚ a!
我 都 有 啊!哈哈,没 想到 在 中国人 的 眼睛里,我 是 个 大 美女 啊!

①	遮	zhē	to cover; to hide; to screen	遮る
②	通	tōng	expert; specialist; authority	～通
③	闷	mēn	stuffy; stifling	蒸し暑い
④	伞	sǎn	umbrella	傘
⑤	皮肤	pífū	skin	肌
⑥	晒	shài	to bask	（太陽の光が）当たる
⑦	健康	jiànkāng	healthy	健康
⑧	鼻子	bízi	nose	鼻

Zài nǐ de guójiā, dàjiā juéde shénmeyàng de nǚháizi shì piàoliang de?
1) 在 你 的 国家, 大家 觉得 什么样 的 女孩子 是 漂亮 的?

Nǐ fāxiàn zài Zhōngguó hái yǒu shénme tèbié de shìqing ma?
2) 你 发现 在 中国 还 有 什么 特别 的 事情 吗?

8 课堂活动。

Practice in class.

練習。

1) 请学生介绍一下儿在现在住的城市里最熟悉的地方。

2) 问问学生是否对中国的文化感兴趣。请他/她说一下儿对什么感兴趣。

Unit 9 Where shall I show them around?

| Tīnglì 听力 | Listening ヒアリング |

1 Tīng lùyīn, wánchéng jùzi.
听 录音，完成 句子。

1) Tā yídìng huì duì _____.
   她 一定 会 对 _____。

2) Zhège zhǔyi _____.
   这个 主意 _____。

3) Tā _____.
   他 _____。

4) Bié wàngle _____!
   别 忘了 _____!

5) Fàngjià de shíhou, wǒ _____.
   放假 的 时候，我 _____。

2 Tīng duìhuà, xuǎnzé zhèngquè de dá'àn.
听 对话，选择 正确 的 答案。

1) A. láiguo 来过　　　　B. méi láiguo 没 来过

2) A. shúxi 熟悉　　　　B. bù shúxi 不 熟悉

3) A. búcuò 不错　　　　B. yìbān 一般

4) A. Xī'ān 西安　　　　B. Hángzhōu 杭州

5) A. kěyǐ 可以　　　　B. bù kěyǐ 不 可以

3 Tīng duìhuà, huídá wèntí.
听 对话，回答 问题。

1) Nǚ de shénme shíhou céngjīng qùguo Shànghǎi?
   女 的 什么 时候 曾经 去过 上海？

2) Nán de zhè cì qùle Shànghǎi duō jiǔ?
   男 的 这次 去了 上海 多久？

第九课　带他们去哪里玩儿好呢？

第九課　どこに遊びにつれて行ったらいいんでしょうか

Tāmen dǎsuan shénme shíhou yìqǐ qù Shànghǎi?
3) 他们 打算 什么 时候 一起 去 上海?

Tāmen dǎsuan qù duō jiǔ?
4) 他们 打算 去 多久?

Tāmen yào zài Shànghǎi zuò shénme?
5) 他们 要 在 上海 做 什么?

Nǐ xūyào zhīdao de shēnghuó Hànzì
你需要 知道 的 生活 汉字
The Chinese Characters You Need to Know
知っておくべき生活中の漢字

除了中国银行以外,在中国还有其他规模较大的银行,比如以下这些。

Beside Bank of China, there are some other large-scale banks in China as follows.

中国銀行以外、中国で規模が大きい銀行は以下である。

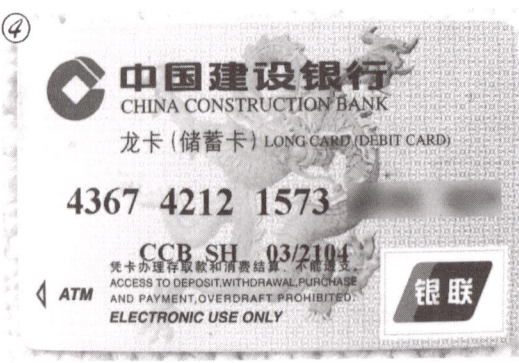

① 农业银行（Nóngyè Yínháng, Agricultural Bank, 農業銀行）
② 招商银行（Zhāoshāng Yínháng, Merchants Bank, 招商銀行）
③ 工商银行（Gōngshāng Yínháng, Industrial and Commercial Bank, 工商銀行）

④ 建设银行（Jiànshè Yínháng，Construction Bank，建設銀行）

| 农 | 业 | 招 | 商 | 工 | 建 | 设 |

Nǐ xūyào zhīdao de Zhōnghuá chéngyǔ
你 需要 知道 的 中华 成语
The Chinese Idioms You Need to Know
知っておくべき中国成語

mùzhōng-wúrén
目中无人

"目中无人"形容高傲自大、看不起人。

'Mùzhōng-wúrén' means 'look down upon everyone else'.

眼中に人なし。尊大で傲慢なさま。

mù：eyes　　zhōng：in　　wú：not have

目：目　　　中：中　　　　无：ない

Tā zǒngshì mùzhōng-wúrén, suǒyǐ tā hé shuí de guānxi dōu bù hǎo.
例：① 他 总是 目中 无人，所以他和 谁 的 关系 都 不 好。

Tā shuō zài Zhōngguó tā lánqiú dǎ de zuì hǎo le.
② A：他 说 在 中国 他 篮球 打得最 好 了。

Tā yě tài mùzhōng-wúrén le ba. Tā yòu bú shì Yáo Míng.
　 B：他 也 太 目中 无人 了 吧。他又 不 是 姚 明。

Dì-shí Kè 第十课
Unit 10
第十课

Zhè jiā shùmǎ guǎngchǎng zhēn dà a!
这家数码广场真大啊!
How big this digital mall is!
このデジタル広場は本当に大きいですね

Kèwén 课文 一

Jiékè: Lǐ Qiáng, nǐ shì diànnǎo gōngchéngshī, néng bù néng bāng wǒ gè máng?
杰克: 李强,你是电脑工程师,能不能帮我个忙?

Lǐ Qiáng: Yǒu shénme shì nǐ jǐnguǎn shuō ba.
李强: 有什么事你尽管说吧。

Jiékè: Wǒ jiāli de nà tái diànnǎo yòu màn yòu jiù, xiǎng bǎ tā shēng yíxiàr jí, nǐ néng bù néng bāng wǒ chūchu zhǔyi?
杰克: 我家里的那台电脑又慢又旧,想把它升一下儿级,你能不能帮我出出主意?

Lǐ Qiáng: Xíng a, wǒ xiǎng xiān liǎojiě yíxiàr nǐ de yùsuàn
李强: 行啊,我想先了解一下儿你的预算

Unit 10　How big this digital mall is!

　　　　　　　dàyuē shì duōshǎo.
　　　　　　　大约 是 多少。

Jiékè：　　Zhège……Wǒ zìjǐ yě bú tài qīngchu, érqiě wǒ yě bú
杰克：　　这个……我 自己 也 不 太 清楚，而且 我 也 不
　　　　　　　tài liǎojiě xiànzài diànnǎo pèijiàn de hángqíng, suǒyǐ wǒ
　　　　　　　太 了解 现在 电脑 配件 的 行情，所以 我
　　　　　　　cái yào nǐ bāngmáng a.
　　　　　　　才 要 你 帮忙 啊。

Lǐ Qiáng：Jìrán zhèyàng, wǒ jiù xiān dào nǐ jiā kànkan nǐ de
李 强：　既然 这样，我 就 先 到 你 家 看看 你 的
　　　　　　　diànnǎo, ránhòu wǒmen yìqǐ qù shùmǎ guǎngchǎng
　　　　　　　电脑，然后 我们 一起 去 数码 广场
　　　　　　　guàngguang, zěnmeyàng?
　　　　　　　逛逛，　　怎么样？

Jiékè：　　Tài hǎo le. Nà máfan nǐ le.
杰克：　　太 好 了。那 麻烦 你 了。

Lǐ Qiáng：Méi shìr.
李 强：　没 事儿。

(zài shùmǎ guǎngchǎng)
(在 数码 广场)

Jiékè：　　Zhè jiā shùmǎ guǎngchǎng zhēn dà a!
杰克：　　这 家 数码 广场 真 大 啊！

Lǐ Qiáng：Shì a, zhèli dōu shì mài shùmǎ chǎnpǐn de, bǐjìběn
李 强：　是 啊，这里 都 是 卖 数码 产品 的，笔记本
　　　　　　　diànnǎo、shùmǎ xiàngjī、shùmǎ shèxiàngjī děngděng.
　　　　　　　电脑、数码 相机、数码 摄像机 等等。
　　　　　　　Pèijiàn yě hěn quán, shénme xínghào dōu yǒu, nǐ kěyǐ
　　　　　　　配件 也 很 全，什么 型号 都 有，你 可以

第十课　这家数码广场真大啊！

187

bǐjiào yíxiàr.
比较 一下儿。

Jiékè: Nǐ juéde nǎge pǐnpái de pèijiàn zhìliàng bǐjiào hǎo?
杰克： 你 觉得 哪个 品牌 的 配件 质量 比较 好？

Lǐ Qiáng: Nǐ kàn, zhè jǐ gè pǐnpái de pèijiàn wǒ dōu yòngguo,
李 强： 你 看，这 几 个 品牌 的 配件 我 都 用过，
zhìliàng búcuò, búguò jiàgé shāo gāo yìdiǎnr.
质量 不错，不过 价格 稍 高 一点儿。

Jiékè: Zhǐyào zhìliàng hǎo, jíshǐ guì yìdiǎnr yě méi guānxi.
杰克： 只要 质量 好，即使 贵 一点儿 也 没 关系。
Tāmen de shòuhòu fúwù zěnmeyàng?
它们 的 售后 服务 怎么样？

Lǐ Qiáng: Dì-yī nián kěyǐ bǎoxiū. Búguò nǐ juédìng mǎi yǐqián,
李 强： 第 一 年 可以 保修。不过 你 决定 买 以前，
zuìhǎo zài xiángxì de wèn yíxiàr, yě yào zài zǐxì de
最好 再 详细 地 问 一下儿，也 要 再 仔细 地
kànkan tāmen de bǎoxiūdān hé shuōmíngshū.
看看 他们 的 保修单 和 说明书。

Jiékè: Hǎo, xièxie nǐ de jiànyì!
杰克： 好，谢谢 你 的 建议！

(Jiékè mǎihǎole pèijiàn, fùle qián)
(杰克 买好了 配件，付了 钱)

Lǐ Qiáng: Nǐ hái yào bú yào zài kànkan bié de dōngxi?
李 强： 你 还要 不要 再 看看 别 的 东西？

Jiékè: Duì le, Kěkě mǎshàng yào guò shēngri le, wǒ xiǎng
杰克： 对了，可可 马上 要 过 生日 了，我 想
gěi tā mǎi gè shèxiàngtóu.
给 她 买 个 摄像头。

Unit 10 How big this digital mall is!

Lǐ Qiáng: Shùmǎ chǎnpǐn hěn duō a, wèishénme sòng zhège ne?
李 强： 数码 产品 很 多 啊, 为什么 送 这个 呢？

Jiékè: Yīnwei yǒu shèxiàngtóu de huà, wǒmen shàngwǎng de
杰克： 因为 有 摄像头 的 话, 我们 上网 的
shíhou jiù kàn de dào duìfāng le! Jíshǐ wǒ chūchāi yě
时候 就 看 得 到 对方 了！即使 我 出差 也
méi guānxi.
没 关系。

Lǐ Qiáng: Búcuò, búcuò, zhēnshi hǎo lǐwù. Shèxiàngtóu hǎoxiàng
李 强： 不错, 不错, 真是 好 礼物。 摄像头 好像
zài nàbiān, wǒmen guòqu kànkan ba.
在 那边, 我们 过去 看看 吧。

第十课 这家数码广场真大啊！

Shēngcí
生词

Vocabulary
单語

1. 广场	guǎngchǎng	square; plaza; mall	広場
2. 尽管	jǐnguǎn	feel free to	（何らの条件も制限も受けずに行えることを表す）かまわずに、遠慮なく、いくらでも
3. 升级	shēngjí	to upgrade	グレードアップする
4. 出	chū	to give; to offer	（意見、方案等を）出す
5. 预算	yùsuàn	budget	予算
6. 大约	dàyuē	approximately; about	大体、およそ
7. 配件	pèijiàn	fitting (of a machine, etc.); accessory	部品、アタッチメント
8. 行情	hángqíng	prices	市況
9. 既然	jìrán	since; now that	〜したからには
10. 笔记本	bǐjìběn	notebook	ノート
笔记本电脑	bǐjìběn diànnǎo	laptop; notebook computer	ノートパソコン

189

第十課　このデジタル広場は本當に大きいですね

11. 相机	xiàngjī	camera	カメラ
12. 型号	xínghào	model; type	(機械などの)規格とサイズ
13. 比较	bǐjiào	to compare	比べる
14. 品牌	pǐnpái	brand	銘柄
15. 即使	jíshǐ	even if; even though	たとえ～としても
16. 售后	shòuhòu	after-sale	アフター(サービス)
17. 保修	bǎoxiū	to guarantee repair service for a commodity sold; maintenance	修理を保証する
18. 详细	xiángxì	detailed	詳しい
19. 仔细	zǐxì	careful; attentive	注意深い
20. 保修单	bǎoxiūdān	a written guarantee	修理保証書
21. 说明书	shuōmíngshū	a book of instructions; guidebook	説明書
22. 摄像头	shèxiàngtóu	web camera	ウェブカム
23. 对方	duìfāng	the other person; the other side	相手

Kèwén 课文 (二)

Zhēn dǎoméi! Shàng ge xīngqī wǒ bù
真　倒霉！　上　个　星期　我　不
xiǎoxīn bǎ shǒujī diū le, suǒyǐ jīntiān wǒ
小心　把　手机　丢　了，所以　今天　我
yuēle wǒ de péngyou Wáng Huì yìqǐ qù
约了　我　的　朋友　王　慧　一起　去
shùmǎ guǎngchǎng kàn shǒujī, dǎsuan zài
数码　广场　看手机，打算　再

Unit 10 How big this digital mall is!

买一个新的。本来我打算买一个最普通的手机，所以我的预算是一千块左右。没想到到了数码广场，我就改变主意了。那里有很多新款的手机，有各种功能，包括拍照、听MP3、上网等等，而且样子都很漂亮。我比较了几个品牌的手机，还是没有办法决定买哪一种。王慧建议我不要买新出的手机，因为价格跌得很快，不划算。她推荐了一个品牌的手机，不仅质量好，售后服务也不错。正好我也曾经用过，质量确实不错，所以我仔细地看了几款。其中一款手机有摄像头和MP3功能，可以储存三百条短信和五百个电话号码，对我来说很实用，而且屏幕很大，看起来很清楚，用起来也很方便。虽然

第十课 这家数码广场真大啊！

jiàgé bǐ wǒ de yùsuàn gāole yìdiǎnr, dànshì yīnwei zhè kuǎn
价格 比 我 的 预算 高了 一点儿，但是 因为 这 款
shǒujī bú shì xīn chū de, jiàgé yǐjīng diēle bù shǎo, érqiě bǎoxiū
手机 不 是 新 出 的，价格 已经 跌了 不 少，而且 保修
yì nián, suǒyǐ wǒ hěn mǎnyì, juédìngle mǎi zhè kuǎn shǒujī.
一 年，所以 我 很 满意，决定了 买 这 款 手机。

Shēngcí 生词 | Vocabulary 単語

1.	倒霉	dǎoméi	have bad luck	運が悪い、ついていない
2.	功能	gōngnéng	function	機能
3.	跌	diē	to drop; to fall	価格が下落する
4.	划算	huásuàn	worthwhile	買い得
5.	推荐	tuījiàn	to recommend	推薦する
6.	其中	qízhōng	among (which, them, etc.); in (which, it, etc.)	その中
7.	储存	chǔcún	to store	保存する
8.	短信	duǎnxìn	SMS	ショートメール
9.	实用	shíyòng	practical	実用的である
10.	屏幕	píngmù	screen	スクリーン
11.	满意	mǎnyì	satisfied	満足する

Zhùshì 注释 | Notes 解釈

Yǒu shénme shì, nǐ jǐnguǎn shuō ba.
① 有 什么 事，你 尽管 说 吧。
"尽管+动词"表示不必顾虑，放心去做。
'Jǐnguǎn + v.' is used to tell someone that there is no need to worry, and just feel free to do something.
「尽管+動詞」は遠慮することはない、安心して～しなさいという意味を表す。

Zhèli shénme yánsè de sīchóu dōu yǒu, nín jǐnguǎn xuǎn ba.
例：1) 这里 什么 颜色 的 丝绸 都 有，您 尽管 选 吧。
Nǐ jǐnguǎn chī, bié kèqi, zài wǒ jiā jiù xiàng zài zìjǐ jiā yíyàng.
2) 你 尽管 吃，别 客气，在 我 家 就 像 在 自己 家 一样。

Dàjiā yǒu yìjiàn jǐnguǎn tí.
3) 大家 有 意见 尽管 提。

Jìrán zhèyàng, wǒ jiù xiān dào nǐ jiā kànkan nǐ de diànnǎo.
❷ 既然 这样，我 就 先 到 你 家 看看 你 的 电脑。

"既然"用在上半句话里，下半句话里往往有副词"就、也、还"跟它呼应，表示先提出前提，而后加以推论。

'Jìrán' is used in the first half of a sentence correlatively with 'jiù, yě, hái' appearing in the latter half of the sentence to show that a premise is followed by an inference.

「既然」は前半の文に使われ、後半の文は常に「就、也、还」でそれと呼応する。まず前提を提出した上に、推論を加えることを表す。

Nǐ jìrán bìng le, nà jiù hǎohāor xiūxi ba.
例：1) 你 既然 病 了，那 就 好好儿 休息 吧。

Jìrán bù xiǎng cānjiā, nǐ jiù bié qù le.
2) 既然 不 想 参加，你 就 别 去 了。

Jìrán nǐ zhème xǐhuan shūfǎ, nà wǒ jiù gěi nǐ jièshào yí wèi shūfǎ lǎoshī.
3) 既然 你 这么 喜欢 书法，那 我 就 给 你 介绍 一 位 书法 老师。

Zhǐyào zhìliàng hǎo, jíshǐ guì yìdiǎnr yě méi guānxi.
❸ 只要 质量 好，即使 贵 一点儿 也 没 关系。

"即使……也……"表示假设的让步。

'Jíshǐ……yě……' expresses pression and means 'even if' or 'even though'.

「即使……也……」は譲歩を仮定する。

Jíshǐ xiàyǔ wǒ yě yào qù.
例：1) 即使 下雨 我 也 要 去。

Jíshǐ nǐ shuōcuò le yě bú yàojǐn.
2) 即使 你 说错 了 也 不 要紧。

Jíshǐ wǎn yìdiǎnr qù yě láidejí.
3) 即使 晚 一点儿 去 也 来得及。

Búguò nǐ juédìng mǎi yǐqián, zuìhǎo zài xiángxì de wènyíxiàr, yě yào zài zǐxì de
❹ 不过 你 决定 买 以前，最好 再 详细 地 问 一下儿，也 要 再 仔细 地
kànkan tāmen de bǎoxiūdān hé shuōmíngshū.
看看 他们 的 保修单 和 说明书。

"地"是助词，表示它前面的词或词组作状语。在本句中，"地"前面的形容

第十课 这家数码广场真大啊！

193

词"详细"和"仔细"作状语,修饰动词"问"和"看看"。

In this sentence, the adjectives 'xiángxì' and 'zǐxì' before 'de' are used as adverbials to modify the verbs 'wèn' and 'kànkan'.

「地」は助詞であり、その前の詞や連語は連用修飾語であることを表す。この文の中で、「地」の前の形容詞「详细」と「仔细」は連用修飾語として、述語動詞「问」と「看」を修飾する。

a. 单音节形容词作状语,一般不用"地"。

When a one-syllable adjective is used as an adverbial, 'de' is usually not used.

単音節の形容詞が連用修飾語になる場合に、「地」は使わない。

例:
1) Xué Hànyǔ yīnggāi duō tīng duō shuō.
学 汉语 应该 多 听 多 说。

2) Láibují le, kuài zǒu!
来不及 了,快 走!

3) Tā zǎo lái le, zài děng nǐ ne.
他 早 来 了,在 等 你 呢。

b. 双音节形容词作状语,一般要用"地"。

When a two-syllable adjective is used as an adverbial, 'de' is usually used between the adjective and the verb.

二音節の形容詞が連用修飾語になる場合、普通は「地」を使う。

例:
1) Tā zǒngshì rèqíng de bāngzhù wǒmen.
他 总是 热情 地 帮助 我们。

2) Kèrénmen kāixīn de zǒu le.
客人们 开心 地 走 了。

3) Māma shōudào huā, gāoxìng de xiào le.
妈妈 收到 花,高兴 地 笑 了。

c. 单音节或双音节形容词前面有程度副词,如"很""非常"时,一般要用"地"。

When an adverb indicating degree, such as 'hěn' or 'fēicháng' is used with an adjective, 'de' is usually used between the adjective and the verb.

単音節、二音節の形容詞の前に「很」や「非常」のような程度副詞がある時は、「地」を使う。

例:
1) Chēzi hěn kuài de kāi zǒu le.
车子 很 快 地 开 走 了。

2) Bàba fēicháng gāoxìng de kànzhe wǒ.
爸爸 非常 高兴 地 看着 我。

Unit 10 How big this digital mall is!

　　　　　Tā hěn xiǎoxīn de dǎkāile bāo.
3）她 很 小心 地 打开了 包。

Liànxí 练习 / Exercises 練習

1 连词成句。

Organize the following sentences.

次の単語を使って、文を作りなさい。

　　nǐ　kěyǐ　bǐjiào　pèijiàn　zhè jǐ zhǒng　yíxiàr　diànnǎo
1）你　可以　比较　配件　这 几 种　一下儿　电脑

___

　　hǎo　de　pǐnpái　bǐjiào　zhège　zhìliàng
2）好　的　品牌　比较　这个　质量

___

　　yǒu　wèntí　gàosu　nǐ　wǒ　jǐnguǎn　shénme
3）有　问题　告诉　你　我　尽管　什么

___

　　néng　bāng　yí　gè　chū　nǐ　wǒ　zhǔyi　ma
4）能　帮　一　个　出　你　我　主意　吗

___

　　zǐxì　kànkan　yīnggāi　nǐ　shuōmíngshū　de
5）仔细　看看　应该　你　说明书　地

___

2 用"把"改写句子。

Rewrite the following sentences with 'bǎ'.

「把」を使って、言い方を変えなさい。

> 　　Tā dǎkāile mén.
> 例：他 打开了 门。
>
> 　　Tā bǎ mén dǎkāi le.
> 　　他 把 门 打开 了。

第十课　这家数码广场真大啊！

第十课　このデジタル広場は本當に大きいですね

1) Zuótiān wǒ de shǒujī diū le.
　 昨天 我 的 手机 丢 了。

2) Āyí méi xǐ gānjìng wǎn.
　 阿姨 没 洗 干净 碗。

3) Shuōmíngshū kěyǐ fàng zài zhuōzi shàng ma?
　 说明书 可以 放 在 桌子 上 吗？

4) Tā méi fāgěi wǒ zhè cì qù Hángzhōu pāi de zhàopiānr.
　 他 没 发给 我 这 次 去 杭州 拍 的 照片儿。

5) Bǐjìběn diànnǎo yídìng yào fàng zài bāo li.
　 笔记本 电脑 一定 要 放 在 包 里。

3 根据提示，用"形容词＋地＋动词"造句。

Make sentences with 'adj. + de + v.' and the words given.

「形容詞＋地＋動詞」を用い、次の単語を使って、文を作りなさい。

> 例： zǐxì kàn shuōmíngshū
> 　　仔细 看 说明书
> 　　Nǐ yīnggāi zǐxì de kàn shuōmíngshū.
> 　　你 应该 仔细 地 看 说明书。

1) rènzhēn xué Hànyǔ
　 认真 学 汉语

2) fēicháng kuài zuòwán zuòyè
　 非常 快 做完 作业

3) mànman chīfàn
　 慢慢 吃饭

4 用"尽管 + 动词"改写句子。
Rewrite the following sentences with 'jǐnguǎn + v.'.
「尽管＋動詞」を使って、言い方を変えなさい。

> Nǐ yǒu shénme shì, dōu kěyǐ gēn wǒ shuō.
> 例：你 有 什么 事，都 可以 跟 我 说。
> Nǐ yǒu shénme shì, jǐnguǎn gēn wǒ shuō.
> 你 有 什么 事，尽管 跟 我 说。

1) Wǒ shì nǐ de péngyou, nǐ xūyào shénme bāngzhù, dōu kěyǐ lái zhǎo wǒ.
   我 是 你的 朋友，你 需要 什么 帮助，都 可以 来 找 我。

2) Nǐ xiǎng mǎi shùmǎ chǎnpǐn de shíhou, jiù gěi wǒ dǎ diànhuà, wǒ kěyǐ péi nǐ qù mǎi.
   你 想 买 数码 产品 的 时候，就 给 我 打 电话，我 可以 陪 你 去 买。

3) Wǒ shì nǐ de lǎoshī, nǐ yǒu shénme wèntí, dōu kěyǐ lái wèn wǒ.
   我 是 你的 老师，你 有 什么 问题，都 可以 来 问 我。

4) Jīntiān shì nǐ de shēngri, nǐ xiǎng mǎi shénme dōu kěyǐ, wǒ fùqián.
   今天 是 你的 生日，你 想 买 什么 都 可以，我 付钱。

5 用"即使……也……"回答问题。
Answer the following questions with 'jíshǐ……yě……'.
「即使……也……」を使って、次の質問に答えなさい。

1) Zhège pǐnpái de diànnǎo pèijiàn zhìliàng búcuò, búguò jiàgé shāo gāo yìdiǎnr. Nǐ yuànyì mǎi ma?
   这个 品牌 的 电脑 配件 质量 不错，不过 价格 稍 高 一点儿。你 愿意 买 吗？

2) Qù Guìlín lǚxíng hěn yǒu yìsi, kěshì láihuí yào zuò yì tiān de huǒchē. Nǐ xiǎng qù ma?
   去 桂林 旅行 很 有 意思，可是 来回 要 坐 一 天 的 火车。你 想 去 吗？

第十课　このデジタル広場は本當に大きいですね

3) Běnlái dǎsuan xīngqīliù qù Shìjì Gōngyuán wánr, kěshì tīngshuō zhōumò yào xiàyǔ. Nǐ qù ma?
本来 打算 星期六 去 世纪 公园 玩儿，可是 听说 周末 要 下雨。你 去 吗？

4) Pǔdōng de fángzi zūjīn bǐjiào piányi, kěshì jiāotōng bú tài fāngbiàn. Nǐ dǎsuan zū ma?
浦东 的 房子 租金 比较 便宜，可是 交通 不 太 方便。你 打算 租 吗？

6 选词填空。

Fill in the blanks with the proper words given.

適当な単語を選んで文を完成しなさい。

xiángxì	zǐxì
详细	仔细

1) Zhè fèn rìchéngbiǎo yào zài _____ yìdiǎnr.
这 份 日程表 要 再 _____ 一点儿。

2) Qǐng nǐ bāng wǒ _____ xuǎnxuan, mǎi shénmeyàng de diànnǎo hǎo.
请 你 帮 我 _____ 选选，买 什么样 的 电脑 好。

3) Zhè fèn shǒujī de shuōmíngshū bú tài _____, wǒ háishi bù míngbai zěnme yòng.
这 份 手机 的 说明书 不太 _____，我 还是 不 明白 怎么 用。

4) Tā zuò shìqing hěn _____, fàngxīn ba, yīnggāi bú huì yǒu wèntí.
他 做 事情 很 _____，放心 吧，应该 不 会 有 问题。

jìrán	jíshǐ
既然	即使

5) _____ nǐ xiǎng mǎi MP3, nà wǒmen jiù yìqǐ qù shùmǎ guǎngchǎng guàngguang ba.
_____ 你 想 买 MP3，那 我们 就 一起 去 数码 广场 逛逛 吧。

6) Wǒ tài xǐhuan zhè kuǎn shǒujī le, _____ yào huā wǒ yí gè yuè de gōngzī, wǒ yě yào mǎi.
我 太 喜欢 这 款 手机 了，_____ 要 花 我 一个 月 的 工资，我 也 要 买。

7) _____ 人人 都 说 这个 品牌 的 相机 质量 好，我们 就 买 这个 品牌 的 吧。

8) 排队 的 人 太 多 了，我 觉得 _____ 我们 排 两 个 小时 也 买 不 到。

bǐjiào	bǐ
比较	比

9) 我 不 太 喜欢 看 书，_____ 爱 看 电影。

10) "五一" 的 时候，去 杭州 玩 的 人 _____ 多。

11) 这个 品牌 _____ 那个 品牌 好，也 _____ 贵。

12) 今天 _____ 昨天 冷 多 了，我 要 多 穿 一 件 衣服。

13) 这里 的 数码 照相机 型号 太 多 了，_____ 以后 才能 决定 买 哪个。

píngmù	dǎoméi	bǐjiào	huásuàn	xínghào	duǎnxìn
屏幕	倒霉	比较	划算	型号	短信

14) 太 _____ 了，我 的 手机 又 丢 了！我 得 再 买 一 个，所以 去 了 数码 广场。 那里 有 很 多 品牌 的 手机，每 个 品牌 有 很 多 _____，还 有 很 多 功能。我 _____ 了 很 多 手机， 发现 大多数 都 有 MP3、词典、F.M. 什么 的，这些 我 都 不

第十课 这家数码广场真大啊！

第十課　このデジタル広場は本當に大きいですね

Xiǎojiě, zhè wǒ dǎo bù zàizhǎo zhǐyào wǒ néng jiē diànhuà、dǎ diànhuà、shōufā
小姐，这 我 倒 不 在乎，只要 我 能 接 电话、打 电话、收发
jù kěyǐ le. Suǒyǐ, wǒ mǎile yí bù jiàgé fēicháng _____ de
就 可以 了。所以，我 买了 一 部 价格 非常 _____ 的
shǒujī. Suīrán gōngnéng jiǎndānle yìdiǎnr, búguò _____ shì cǎisè de, zhè kě
手机，虽然 功能 简单了 一点儿，不过 _____ 是 彩色 的，这 可
shì wǒ de dì-yī gè cǎipíng (colour LCD screen, カラースクリーン) shǒujī,
是 我 的 第一 个 彩屏 (colour LCD screen, カラースクリーン) 手机，
hāha!
哈哈！

7 写出下列词语的反义词并造句。

Write the words opposite to the given words and make sentences.

次の言葉の反対語を書きなさい。そして例に従って、文を作りなさい。

> nèixiàng　　　wàixiàng
> 例：内向 ——→ 外向
> Wǒ bù xǐhuan xìnggé nèixiàng de nánháizi, wǒ xiǎng zhǎo yí gè xìnggé
> 我 不 喜欢 性格 内向 的 男孩子，我 想 找 一 个 性格
> wàixiàng de nánpéngyou.
> 外向 的 男朋友。

xìxīn
1) 细心 ——→ _____

jiǎndān
2) 简单 ——→ _____

zhíjiē
3) 直接 ——→ _____

Unit 10 How big this digital mall is!

8 选择与画线部分意思相近的词语。

Choose the word with the most similar meaning to the underline word.

傍線部と意味が一番近い単語を選びなさい。

1) 这个 品牌 的 笔记本 电脑 <u>大约</u> 一万 元 左右，对 我 来 说 贵了 一点儿。

  A. 大概   B. 上下   C. 前后

2) 这个 手机 有 摄像头，还 有 MP3 功能，对 我 来 说 很 <u>实用</u>。

  A. 功能   B. 有用   C. 满意

3) 明天 我 想 先 去 数码 广场 逛逛，<u>然后</u> 去 服装店 给 我 太太 买 衣服。

  A. 以后   B. 后来   C. 再

4) 这 款 数码 相机 <u>不仅</u> 有 很 多 新 功能，而且 价钱 也 不 贵。

  A. 不是   B. 仅仅   C. 不但

5) 你 想 买 什么 <u>样子</u> 的 衣服 尽管 买，贵 一点儿 没 关系。

  A. 一样   B. 款式   C. 颜色

9 改错。

Correct the following sentences.

間違いを直しなさい。

1) 我们 放假 的 时候，玩 很 高兴。

2) Jíshǐ xīnkǔ yìdiǎnr yào bǎ gōngzuò zuòwán.
即使 辛苦 一点儿 要 把 工作 做完。

3) Wǒmen xiān qù lǚxíngshè liǎojiěle yíxiàr, yǐhòu juédìngle qù Xīn-Mǎ-Tài lǚyóu.
我们 先 去 旅行社 了解了 一下儿，以后 决定了 去 新 马 泰 旅游。

4) Wǒ yìdiǎnr yě bù gǎn xìngqù duì shùmǎ chǎnpǐn.
我 一点儿 也 不 感 兴趣 对 数码 产品。

5) Jīntiān wǒ qǐngkè, xiǎng chī shénme, nǐ diǎn jǐnguǎn ba.
今天 我 请客，想 吃 什么，你 点 尽管 吧。

⑩ 根据实际情况回答问题。

Answer the following questions.

実際の状況に基づいて質問に答えなさい。

1) Zài Zhōngguó nǐ qùguo shùmǎ guǎngchǎng ma? Nǐ juéde Zhōngguó de shùmǎ guǎngchǎng zěnmeyàng?
在 中国 你 去过 数码 广场 吗？你 觉得 中国 的 数码 广场 怎么样？

2) Nǐ juéde nǐ xiànzài yòng de shǒujī hé diànnǎo zěnmeyàng?
你 觉得 你 现在 用 的 手机 和 电脑 怎么样？

3) Duì nǐ lái shuō, shǒujī de shénme gōngnéng zuì zhòngyào?
对 你 来 说，手机 的 什么 功能 最 重要？

4) Nǐ liǎojiě shùmǎ chǎnpǐn ma? Nǐ juéde shí nián yǐhòu shùmǎ chǎnpǐn huì yǒu shénmeyàng de fāzhǎn? Wǒmen huì yǒu shénmeyàng de shùmǎ chǎnpǐn?
你 了解 数码 产品 吗？你 觉得 十 年 以后 数码 产品 会 有 什么样 的 发展？我们 会 有 什么样 的 数码 产品？

⑪ 阅读短文并回答问题。

Read the following passage and answer the questions.

次の短文を読んで、質問に答えなさい。

Mǎi yí gè shùmǎ xiàngjī
买 一个 数码 相机

Běnlái wǒ yǒu yí gè shùmǎ xiàngjī, kěshì xiàngsù① zhǐyǒu sānbǎi wàn, yě bù néng shèxiàng, suǒyǐ zǎo jiù xiǎng mǎi yí gè xīn xiàngjī le. Wǒ xīwàng mǎi yí gè
本来 我 有 一个 数码 相机，可是 像素① 只有 三百 万，也 不 能 摄像，所以 早 就 想 买 一个 新 相机 了。我 希望 买 一个

Unit 10 How big this digital mall is!

第十课 这家数码广场真大啊！

八百万像素的数码相机，要实用、功能多、漂亮，但不要太贵。我跑了很多地方，都没有看到满意的。不是样子不好看，就是价钱太贵。一个朋友推荐我去香港买数码产品。他说不但价格便宜，而且会送很多配件。我早就想去香港的迪斯尼乐园②了，所以我决定"五一"长假的时候去香港旅游，顺便买相机。在香港，我花了四千元买了一台佳能③相机，是日本生产④的，还送了我一个五百一十二兆⑤的闪卡⑥、一个小三角架⑦、两块电池⑧，还有一个屏幕保护贴⑨。朋友告诉我闪卡加电池就值四百多块。哈哈，太划算了！我打算"十一"长假的时候去西藏旅游，到时候会把我的新相机带去。你们就等着看照片儿吧！

① 像素	xiàngsù	pixel	ピクセル、画素
② 迪斯尼乐园	Dísīní Lèyuán	Disneyland	ディズニーランド
③ 佳能	Jiānéng	Canon	キヤノン
④ 生产	shēngchǎn	to produce	生産する
⑤ 兆	zhào	megabit	兆
⑥ 闪卡	shǎnkǎ	compact flash card	メモリースティック
⑦ 三角架	sānjiǎojià	tripod	（カメラなどの）三脚
⑧ 电池	diànchí	battery	バッテリー、電池
⑨ 保护贴	bǎohùtiē	(screen) protective film	（スクリーンなどの）プロテクター

第十課　このデジタル広場は本当に大きいですね

1）你 喜欢 去 哪里 买 电子 产品？
Nǐ xǐhuan qù nǎli mǎi diànzǐ chǎnpǐn?

2）买 电子 产品 时，你 考虑 最 多 的 是 什么？品牌、价格、功能、
Mǎi diànzǐ chǎnpǐn shí, nǐ kǎolǜ zuì duō de shì shénme? Pǐnpái、jiàgé、gōngnéng、
售后 服务 还是 外形？ 为什么？
shòuhòu fúwù hái shì wàixíng? Wèishénme?

12 课堂活动。

Practice in class.

練習。

1）请学生谈谈他/她的一个电子产品的型号、功能和使用情况。

2）如果有一个月的时间，不能用手机也不能用电脑，那么生活会有哪些变化？请学生讨论一下。

听力　Tīnglì　Listening　ヒアリング

1 听 录音，完成 句子。
Tīng lùyīn, wánchéng jùzi.

1）_____，可是 很 实用，我 打算 买。
　　_____, kěshì hěn shíyòng, wǒ dǎsuan mǎi.

2）这个 问题 很 难 解决，_____。
　　Zhège wèntí hěn nán jiějué,_____.

3）我 上 个 星期 刚 买了 这 台 笔记本 电脑，_____
　　Wǒ shàng gè xīngqī gāng mǎile zhè tái bǐjìběn diànnǎo,_____
　　_____。

4）上网 聊天 的 时候，_____，真 有 意思！
　　Shàngwǎng liáotiān de shíhou,_____, zhēn yǒu yìsi!

5）他 详细 地 介绍了 _____。
　　Tā xiángxì de jièshàole _____.

2 听 对话，选择 正确 的 答案。
Tīng duìhuà, xuǎnzé zhèngquè de dá'àn.

Unit 10 How big this digital mall is!

1) A. jiē nǚpéngyou
   接 女朋友
   B. hé péngyou jiànmiàn
   和 朋友 见面

2) A. liǎngqiān ~ sìqiān
   两千 ~ 四千
   B. sānqiān ~ wǔqiān
   三千 ~ 五千

3) A. dì-yī gè
   第一个
   B. dì-èr gè
   第二个

4) A. yídìng huì
   一定 会
   B. kěnéng huì
   可能 会

5) A. nán de
   男 的
   B. nǚ de
   女 的

3 Tīng duìhuà, huídá wèntí.
听 对话，回答 问题。

1) Nán de wèishénme yào mǎi xīn shǒujī?
   男 的 为什么 要 买 新 手机？

2) Nán de xīn shǒujī shì shénme páizi de?
   男 的 新 手机 是 什么 牌子 的？

3) Nán de xīn shǒujī yǒu shénme gōngnéng?
   男 的 新 手机 有 什么 功能？

4) Nǚ de yě yào mǎi shǒujī ma? Wèishénme?
   女 的 也 要 买 手机 吗？ 为什么？

5) Nǚ de zhǔnbèi hé shuí yìqǐ qù kàn xīn shǒujī?
   女 的 准备 和 谁 一起 去 看 新 手机？

Nǐ xūyào zhīdao de shēnghuó Hànzì
你 需要 知道 的 生活 汉字
The Chinese Characters You Need to Know
知っておくべき生活中の漢字

第十课 这家数码广场真大啊！

在中国，坐火车是一种便捷而经济的交通方式。让我们来看看火车票吧。

It is a convenient and economical means of transportation to take the train in China. Let's check the train ticket as follows.

中国では、汽车は速くて、経済的な一つの交通手段である。汽车の切符を見てみよう。

205

第十課　このデジタル広場は本當に大きいですね

① 硬座（yìngzuò，hard seat，硬座席）
② 有效（yǒuxiào，valid，有効）
③ 次（cì，No. for train，～便）
④ 特快（tèkuài，express，特急）

Nǐ xūyào zhīdao de Zhōnghuá chéngyǔ
你 需要 知道 的 中华 成语
The Chinese Idioms You Need to Know
知っておくべき中国成語

guà yángtóu mài gǒuròu
挂 羊 头 卖 狗 肉

"挂羊头卖狗肉"比喻用好的名义做幌子，实际上干坏事。

'Guà yángtóu mài gǒuròu' means 'to use the name of a good thing as a cover and actually do an evil thing'.

体裁のよい見せ掛けの下で悪事を働く。

Unit 10 How big this digital mall is!

guà: to hang 　yáng: goat 　tóu: head 　mài: to sell 　gǒuròu: dog-meat
挂:かける　　　羊:羊　　　　头:頭　　　　卖:売る　　　　狗肉:犬肉

例：① 这家小店从外面看是咖啡店，其实是挂羊头卖狗肉，里面都是卖盗版DVD的。

② 这些人说是为老人免费检查身体，实际上是推销药品，真是挂羊头卖狗肉。

第十课——这家数码广场真大啊！

练习答案
Key to Exercise
練習答案

第一课

1. 1）妈妈对她非常严格。

2）他总是对人很客气。/他对人总是很客气。

3）这种颜色对老年人很合适。

4）李强对同事说过那件事。/同事对李强说过那件事。

5）杰克对上海的生活都习惯了。

2. 1）我一点儿酒都没喝。　　　　2）我一点儿辣椒都不吃。

3）明天他加班,一点儿时间都没有。

4）她汉语说得不错,可是一点儿汉字都不认识。

5. 1）以为,认为　　2）认为　　3）以为　　4）认为

5）认为　　6）以为,其实,只是,差不多,经历,丰富,从不,生气

第二课

2. 1）典子送了孩子上学再烫头发。　2）典子烫了头发再买东西。

3）典子买了东西再做饭。　　　　4）典子做了饭再收拾房间。

5）典子收拾了房间再看电视。　　6）典子看了电视再睡觉。

3. 1）谢什么。/你跟我客气什么。

2）你怕什么,来得及的。/你急什么,一定来得及。

3）你担心什么,他不是小孩子了。/你急什么,他不是小孩子了。

4. 1）以后　　2）后来　　3）以后　　4）以后,后来

5）手艺,可……了,准备　　6）过,盒,谈,干

7）点心,耐心,担心,小心

5. 1）C　　2）D　　3）A

6. 1）我一点儿都/也不喜欢他。

2）去年春节,我没在中国过年,一点儿也不热闹,真没意思。

3）我在中国的工作和我在法国的工作差不多。

4）如果老板不在,办公室里就很热闹。

5）我从没吃过北京烤鸭。

第三课

1. 1）典子把牛奶放在冰箱里。　　2）杰克把电脑放在车里。

3）阿姨把衬衫挂在衣柜里。　　4）李强把图片挂在门上。

5）王慧把花放在窗台上。

2. 1）感冒药一天吃三次,一次吃两片。

2）花每个星期浇一次水就行了。

3）木村一年要回四次日本。／木村一年要回日本四次。

4）老板派杰克去香港一个星期。

5）他们打算下个星期去杭州玩。／下个星期他们打算去杭州玩。

5. 1）我买不到　　2）我听不到　　3）找不到了　　4）找不到了

6. 1）带,忘,睡,弄,以为,打　　2）刚才,刚　　3）刚

4）刚才　　5）刚　　6）差不多　　7）差点儿

8）差不多　　9）差点儿

8. 1）要是水管再出问题,打电话给物业管理处就行了,他们会派人来修。

2）这个星期我打了四次网球了,累死了。

3）你又把我的衬衫挂在我丈夫的柜子里了。

4）他两个月以前刚换了工作,现在又想跳槽了。

5）今天晚上我们要出去吃饭,能不能麻烦你替我们照顾一下儿孩子?

第四课

3. 1）C　　2）B　　3）A

4. 1）记得　　2）想起来　　3）记得　　4）想起来

5）但是　　6）还是　　7）总是　　8）要是

9）只是／但是　　10）安排,准备,资料,记得,约,订座,订,认真,完成

6. 1）今天她不但要完成报告,而且还要见客户。

2）你是上个星期五约我的,你不记得了吗?

3）相信我,我真的很希望和你们公司合作。

4）美国人表达想法比中国人直接吗?

練習答案

5）虽然这个菜看起来很好看,可是不好吃。

第五课

1. 1）午饭李强不是吃面条就是吃饺子。

2）星期天典子不是打扫房间就是洗衣服。

3）他每天都很忙,不是开会就是见客户。

4）他喜欢吃辣的,不是吃四川菜就是吃湖南菜。

3. 1）我的头一点儿也不疼了。

2）参加旅游团一点儿自由都没有。/参加旅游团一点儿都没有自由。

3）他讨厌别人替他做决定。

4）麻烦你替我去一趟超市。

5）王慧做的鱼香肉丝可好吃了。

4. 1）又　　　　2）再　　　　3）又　　　　4）又

5）先,定,或者,包括,收,到处,排队,所以,旅游旺季,适合

6）以前,后来,少,但是,也,所以,以后,再

7. 1）他又要跳槽了,今年他已经跳了两次了。

2）他决定大学毕业了再去旧金山。

3）这些料子都很漂亮,我可真不知道选哪一匹好,你替我做决定吧。

4）我一直以为他还没有结婚,后来才知道他的孩子都三岁了。

5）我听说中国人一年可以过两次生日,是真的吗?

6）今天阿姨没把我的衬衫挂在我丈夫的柜子里。

7）虽然你是上个星期刚来我们部门的,但是你不应该一问三不知啊。

第六课

1. 1）旅行社把我的名字写错了。

2）我们差点儿把数码摄像机弄丢了。

3）服务员马上把网络修好了。

4）李强不想把照片儿发给妈妈。/妈妈不想把照片儿发给李强。

5）杰克没把意思说清楚。

2. 1）碰　　　　2）碰到　　　　3）碰　　　　4）碰到

5）开心,顺利,发现,原来,粗心,决定,运气

3. 1）带来,带去 2）回去,回来
3）进来,进去,出来,出去 4）下来,上来,上去,下去

6. 1）原来你会说英语啊,我以为你不会说英语呢。
2）你别把我的摄像机弄坏了。
3）我真想去大连旅游。
4）如果你想在"五一"的时候出去旅游,你应该提前一个月订酒店和机票。
5）我没把工作做完。

第七课

1. 1）这件衣服不会只要三十块钱吧?
2）旅行社不会把我的名字写错了吧?
3）木村不会把数码摄像机弄丢了吧?
4）王慧不会每天晚上都得加班吧?
5）杰克不会找不到那家饭店吧?

2. 1）我们再过三十分钟/半个小时上课。
2）我们再过三天去旅行。
3）再过十四天/两个星期过春节。
4）日语课再过一个月上完。
5）他再过两年毕业。

5. 1）帮/帮助 2）帮助 3）帮助 4）帮……忙,帮/帮助
5）帮……忙 6）经历 7）经验 8）经验
9）经历 10）正常 11）普通 12）一般
13）正常 14）痛苦,竟然,报告,回,突然,急,来不及

6. 1）对不起,我有一个很紧急的会议,来不及去接你了。
2）真是太谢谢你了,你帮我太多了。/真是太谢谢你了,你帮了我的大忙了。
3）大概再过半个小时,我们就开完会了。
4）我觉得我们应该提高我们的工作效率。
5）我在旅行社工作了好几年了。

第八课

1. 1）这次你猜对了。

2) 昨天李强差点儿喝多了。

3) 我已经把巧克力吃完了。

4) 杰克希望有机会看到方可可。/方可可希望有机会看到杰克。

5) 再过两个月日语课就上完了。

5. 1) 漂亮　　　2) 好看　　　3) 帅，帅　　　4) 好看

5) 开朗，以为，完全，没想到，共同，介绍，景点，原来，怪不得

6. 1) 今天她穿得特别漂亮。/今天她穿得漂漂亮亮的。

2) 我喜欢漂亮、幽默的女孩子。

3) 他总是约我去吃饭，每次都是吃饭，太无聊了。

4) 你们应该互相理解、互相帮助。

5) 怪不得最近老是见不到你，原来你交女朋友了啊。

● **第九课**

1. 1) 老外对中国的文化非常感兴趣。　　2) 等了他这么久，他终于来了。

3) 去大连玩听起来不错。　　　　　　4) 杰克对小笼包的做法很好奇。

5) 我对福州路不太熟悉。

4. 1) 看起来，吃起来　　　　　　　　2) 说起来，做起来

3) 喝起来　　　　　　　　　　　　4) 用起来

5) 听起来　　　　　　　　　　　　6) 不仅……还……

7) 不是……就是……　　　　　　　　8) 虽然……但是……

9) 不仅……还……　　　　　　　　10) 虽然……但是……

11) 不是……就是……　　　　　　　12) 通常

13) 经常/常常　　　　　　　　　　14) 通常

15) 经常/常常

6. 1) 我们不仅互相认识，还常常一起吃饭、听音乐会什么的。

2) 他没去过新疆，不过他非常喜欢吃新疆菜。/他从没去过新疆，不过他非常喜欢吃新疆菜。

3) 我通常不喝酒，但是今天我要跟你干一杯。

4) 他对玉佛寺的素菜很好奇。

5) 我妹妹对中国的文化很感兴趣。

第十课

1. 1）你可以比较一下儿这几种电脑配件。
2）这个品牌的质量比较好。
3）你有什么问题尽管告诉我。
4）你能帮我出一个主意吗？／我能帮你出一个主意吗？
5）你应该仔细地看看说明书。

2. 1）昨天我把手机丢了。
2）阿姨没把碗洗干净。
3）可以把说明书放在桌子上吗？
4）他没把这次去杭州拍的照片发给我。
5）一定要把笔记本电脑放在包里。

3. 1）你要认真地学汉语。
2）他非常快地做完作业。
3）你可以慢慢地吃饭。

4. 1）我是你的朋友，你需要什么帮助，尽管来找我。
2）你想买数码产品的时候，尽管给我打电话，我可以陪你去买。
3）我是你的老师，你有什么问题，尽管来问我。
4）今天是你的生日，你想买什么尽管买，我付钱。

6. 1）详细　　2）仔细　　3）详细　　4）仔细
5）既然　　6）即使　　7）既然　　8）即使
9）比较　　10）比较　　11）比，比较　　12）比
13）比较　　14）倒霉，型号，比较，短信，划算，屏幕

7. 1）粗心　　2）复杂　　3）间接

8. 1）A　　2）B　　3）C　　4）C
5）B

9. 1）我们放假的时候，玩得很高兴。
2）即使辛苦一点儿，也要把工作做完。
3）我们先去旅行社了解了一下儿情况，然后决定了去新马泰旅游。
4）我对数码产品一点儿也不感兴趣。
5）今天我请客，想吃什么，你尽管点吧。

听力答案
Key to Listening Comprehension
ヒアリング答案

● 第一课

1. 1）在上海住了两年了　　　　2）不怎么习惯吃中国菜
　　3）一点儿汉语都不会说　　　4）才两百块钱
　　5）工作才是最重要的

2. 1）B　　　2）B　　　3）A　　　4）A　　　5）B

3. 1）汤姆和王丽是第一次见面。　　2）汤姆来上海差不多三个月了。
　　3）王丽不是上海人。　　　　　　4）汤姆差不多习惯了上海的生活。
　　5）汤姆觉得在上海生活很方便，这里的天气也跟他老家的差不多。

● 第二课

1. 1）李强家可真热闹啊　　　　2）明天下雨的话
　　3）都晚上十点了　　　　　　4）住在上海什么都好
　　5）一般上了凉菜再上热菜

2. 1）A　　　2）A　　　3）A　　　4）B　　　5）B

3. 1）王慧给典子打电话。　　　　2）典子下个星期三不忙。
　　3）下个星期三是中国的春节。　4）典子没有在中国过过春节。
　　5）王慧家地址是乌鲁木齐路1999号912房间。

● 第三课

1. 1）我订不到明天的机票　　　2）刚才你去哪里了
　　3）把发票放在桌子上　　　　4）去按摩两次
　　5）你替我去开会吧

2. 1）B　　　2）A　　　3）B　　　4）B　　　5）B

3. 1）阿姨先打扫房间。　　　　　2）阿姨去超市买牛奶和水果。
　　3）先生说有芒果就买芒果，没有芒果买苹果。
　　4）阿姨大概中午去买水果。　　5）阿姨去交水电费。

第四课

1. 1）最近他老是迟到　　　　2）我们以前在上海见过

　　3）不得不坐火车回来　　　4）虽然学汉语很难

　　5）再来这家饭店吃饭了

2. 1）A　　2）A　　3）A　　4）B　　5）A

3. 1）今天上午十点徐经理和各部门的经理开会。

　　2）中午十二点半徐经理和客户一起吃饭。

　　3）下午两点徐经理会和东方公司的李经理见面。

　　4）徐经理去虹桥机场坐飞机。

　　5）徐经理大概六点能到北京。

第五课

1. 1）我又可以睡懒觉了　　　　2）这天气实在是太热了

　　3）越来越多的人排队上地铁　4）早就说过这样不行

　　5）太没有自由了

2. 1）A　　2）A　　3）A　　4）B　　5）B

3. 1）男的四月十八号去黄山，是星期六。

　　2）男的买两张票。

　　3）一共两千二百块。

　　4）票要十二点半以前送到。

　　5）票送到上海商城721室。

第六课

1. 1）本来我打算周末去豫园

　　2）没想到在上海碰到老朋友

　　3）我想不起来把新买的衣服放哪儿了

　　4）这个玩笑一点儿也不好玩

　　5）常常丢东西。

2. 1）A　　2）B　　3）A　　4）A　　5）B

3. 1）女的"五一"去了青岛。

2) 青岛有山有海,还有很多很老的建筑。女的特别喜欢那里的大海。

3) 今天女的没有带照片儿。

4) 男的明天上班。

5) 如果青岛很好,男的打算下个周末去。

第七课

1. 1) 推迟到明天上午九点　　2) 竟然没有赶上飞机

　　3) 我的电脑又坏了　　　　4) 别太晚给我打电话

　　5) 我终于打完了这份合同

2. 1) B　　2) A　　3) A　　4) B　　5) A

3. 1) 男的是来修电脑的。

　　2) 电脑突然死机了,不能重新启动。

　　3) 电脑没有大问题。

　　4) 文件还在,只有一点儿不见了。

　　5) 因为女的不希望电脑再出问题。

第八课

1. 1) 但是特地来公司处理了这个问题

　　2) 有没有听到一些有意思的新闻

　　3) 性格开朗的女孩

　　4) 这个地方我很熟悉

　　5) 当时我还不知道出了什么事情

2. 1) B　　2) B　　3) B　　4) A　　5) A

3. 1) 王慧等了李强一个小时。　　2) 今天太忙了,一直在开会。

　　3) 杰克和李强不在同一个部门。　4) 杰克今天晚上和女朋友去听音乐会。

　　5) 李强和王慧没有去看电影。

第九课

1. 1) 这本介绍英国文化的书非常感兴趣

　　2) 听起来不错

　　3) 提了很多非常好的建议

4）到时候通知我

5）通常都是陪父母去旅游

2. 1）B　　　　2）A　　　　3）B　　　　4）B　　　　5）B

3. 1）女的三年前曾经去过上海。

2）男的这次去了上海一个星期。

3）他们打算放暑假的时候一起去上海。

4）他们打算去一个月。

5）他们要好好儿地了解一下上海,还可以学学中文和中国文化。

第十课

1. 1）尽管这台电脑的价格比我的预算高

2）你帮我出出主意吧

3）可是这个星期价格就跌了

4）用摄像头就可以看到对方

5）这种相机的功能、售后服务和价格

2. 1）A　　　　2）A　　　　3）B　　　　4）A　　　　5）B

3. 1）因为他原来的手机丢了。

2）他的新手机是一个日本的牌子。

3）这款手机有摄像头和MP3功能,可以储存三百条短信和五百个电话号码。

4）是的,因为她的手机旧了。

5）她准备和老李及小张一起去看新手机。

听力录音文本
Script of Listening Comprehension
ヒアリングスクリプト

● 第一课

1. 听录音，完成句子。
   1）木村太太已经在上海住了两年了。
   2）我刚来中国，不怎么习惯吃中国菜。
   3）以前汤姆一点儿汉语都不会说，生活很不方便。
   4）这个包才两百块钱。
   5）对妹妹来说，工作才是最重要的。

2. 听对话，选择正确的答案。
   1）男：你不舒服吗？是不是感冒了？早点儿下班吧。
      女：不用，只是有点儿累，休息一下儿就好了。
      问：女的病了吗？
   2）男：这些年你都在哪里工作过？
      女：我大学毕业以后在北京工作过两年，去年来了这里。
      问：女的工作了几年了？
   3）男：现在的大学生太喜欢跳槽了！
      女：是啊，跳得太快太多对以后的工作不好。
      问：他们觉得跳槽太多怎么样？
   4）男：从星期一到星期五木村太太每天学汉语，每次两个小时。
      女：所以她的汉语进步得很快。
      问：木村太太一个星期学多少个小时汉语？
   5）男：这句中国话我没听懂，是什么意思？
      女：耐心一点儿。再听一遍就懂了。
      问：男的可能是？

3. 听对话，回答问题。
   王丽：你好，我是王丽。
   汤姆：你好，王丽，我是汤姆。很高兴认识你。

王丽：我也很高兴认识你。汤姆，你来上海多长时间了？

汤姆：差不多三个月了。王丽，你是上海人吗？

王丽：不，我不是上海人，不过我已经在上海住了四年了。

汤姆：四年了？那你一定很习惯上海的生活了。

王丽：对。你不习惯上海的生活吗？

汤姆：差不多习惯了。我觉得在上海生活很方便，这里的天气也跟我老家的差不多。

王丽：是吗？那真不错。以后如果你有什么问题请找我，别客气啊。

汤姆：谢谢！

第二课

1. 听录音，完成句子。

1) 中秋节的晚上，李强家可真热闹啊！
2) 明天下雨的话，我就不能去浦东打高尔夫了。
3) 都晚上十点了，我应该下班了。
4) 汤姆觉得住在上海什么都好。
5) 在中国吃饭，一般上了凉菜再上热菜。

2. 听对话，选择正确的答案。

1) 男：你好，912房间。我要一份炒饭，几点能送到？

   女：二十分钟以后，也就是十二点半。

   问：这份外卖送到哪个房间？

2) 男：小姐，我们的米饭怎么还不来？

   女：请稍等，马上就来。

   问：这是在哪里？

3) 男：你妈妈做饭的手艺怎么样？

   女：吃过的人都觉得挺不错。

   问：妈妈做的饭好吃吗？

4) 男：你出差回来了再休息不行吗？

   女：不行啊，我已经快累死了。

   问：女的可以出差吗？

5) 男：不好意思，请问去你们公司怎么走？

   女：可以坐地铁，二号线换一号线，陕西南路站下车，再走一会儿就到了。

问：去女的公司怎么走？

3. 听对话，回答问题。

王慧：喂，你好，请问是典子吗？

典子：我就是。你是……？

王慧：我是王慧啊！

典子：啊，王慧，你好你好！

王慧：典子，你下个星期三有事吗？

典子：没有什么特别的事。

王慧：下个星期三是中国的春节。我知道下个星期木村先生要去美国出差，所以我想请你和孩子们来我家过春节，怎么样？

典子：过春节？太好了！我还没有在中国过过春节呢！真是谢谢你！

王慧：不用客气。你知道我们家的地址吗？

典子：是乌鲁木齐路，对不对？

王慧：对，是乌鲁木齐路1999号912房间。

典子：乌鲁木齐路1999号912房间。我知道了。

王慧：好，那我们下星期三见！

典子：好，再见！

第三课

1. 听录音，完成句子。

1) 我订不到明天的机票，怎么办？

2) 刚才你去哪里了？李强找你。

3) 把发票放在桌子上就行了。

4) 我一个星期去按摩两次。

5) 你替我去开会吧，今天我很忙。

2. 听对话，选择正确的答案。

1) 男：好久不见，小红，最近工作怎么样？
   女：马马虎虎。
   问：女的工作好不好？

2) 男：你看天气预报了吗？今天多少度？
   女：看了。今天最高气温二十五度，比昨天高了八度呢！

问：昨天最高气温多少度？

3) 男：木村太太，你住的地方挺好的吧？

女：还行，不过交通有点儿不方便。

问：木村太太觉得她住的地方怎么样？

4) 男：我还以为你喜欢喝啤酒呢！

女：以前爱喝，现在改喝茶了。

问：女的现在喜欢喝啤酒吗？

5) 男：我饿死了。冰箱里有什么吃的？

女：没什么特别的，就是些苹果、饼干、牛奶什么的，你都不喜欢。

问：冰箱里没有什么？

3. 听对话，回答问题。

女：早上好，先生！

男：阿姨，早上好！你今天来得很早。

女：我还是先打扫房间，然后浇花吗？

男：对。你浇好花以后，麻烦你帮我到超市买点东西。

女：买什么呢？

男：买两大瓶牛奶和一些水果。

女：买什么水果？

男：要是有芒果的话，买芒果。没有，就买苹果。

女：好的。大概中午的时候，我才可以去。

男：不用急。对了，还请你替我付一下儿这个月的水电费。我马上要出去，来不及了。

女：没有问题。

男：好的，那真是太谢谢你了！明天见！

女：再见！

第四课

1. 听录音，完成句子。

1) 最近他老是迟到，怎么回事？

2) 啊，我想起来了，我们以前在上海见过。

3) 买不到机票，木村先生不得不坐火车回来。

4）虽然学汉语很难,但是很有意思。

5）我们不会再来这家饭店吃饭了,真难吃!

2. 听对话,选择正确的答案。

1）男:你怎么又忘了我的生日?

女:对不起,我最近总是加班就忘了。

问:这两个人可能是什么关系?

2）男:坐在前面的那个男人是我的老板。

女:他就是你的老板啊,我两年前就认识他了。

问:女的什么时候认识那个老板的?

3）男:我现在都不认识上海了。

女:对,每次我来上海也觉得不一样,有很多新的高楼。

问:他们觉得上海怎么样?

4）男:您什么时候回国?

女:我打算坐十四号下午六点的飞机回国。

问:飞机什么时候起飞?

5）男:这次旅行你去了哪里?

女:我们先去了洛阳,又到了西安,最后我们去了北京,然后在那里坐飞机回上海的。

问:女的是从哪里回上海的?

3. 听对话,回答问题。

秘书:徐经理,您早!

经理:你早,王秘书。今天有什么特别的事情吗?

秘书:今天上午十点,您要和各部门的经理开会。中午十二点半,您约了客户吃饭,我已经订座了,就在上海饭店。

经理:对,对,我差点儿忘了。他想和我们谈谈合作的事情。

秘书:对,资料已经放在您桌子上了。然后下午两点,东方公司的李经理会来见您。今天下午您还要去一趟北京。总经理在那里等您。

经理:订飞机票了吗?

秘书:订了,是虹桥机场的。下午四点起飞,大概六点能到。

经理:好的,我知道了,谢谢你!

秘书:不用客气!

第五课

1. 听录音，完成句子。

1）明天是周末，我又可以睡懒觉了，太好了！

2）这天气实在是太热了，怎么办？

3）希望越来越多的人排队上地铁。

4）我早就说过这样不行，你还不相信！

5）跟团去旅游太没有自由了！

2. 听对话，选择正确的答案。

1）男：虽然明天我的日程安排得很紧，但是我还会去你家看你。
女：好，我在家等你！
问：男的明天要做什么？

2）男：王红，去逛街吧，今天天气这么好！
女：我正忙着写邮件呢，等一下儿。
问：女的正在做什么？

3）男：我的两个儿子每天从学校回来，不是打游戏就是看电视，从不写作业。
女：我女儿也是！
问：她女儿每天在家做什么？

4）男：昨天晚上你怎么没和我们一起去看电影？
女：工作太多了，不得不加班。
问：女的昨天晚上看电影了吗？

5）男：糟糕，前面出事故了，我们得走高架。
女：来得及吗？我赶时间呢，晚上八点的飞机。
问：这两个人在哪里？

3. 听对话，回答问题。

小姐：你好，东方航空公司。

李强：你好，小姐，请问有这个星期六去黄山的机票吗？

小姐：请稍等。有的，是四月十八号下午五点的飞机。

李强：几点能到黄山呢？

小姐：应该是六点，可以吗？

李强：可以。我要两张，多少钱？

小姐：你要单程票还是往返票？

李强：两张往返票。

小姐：那一共是两千二百块。请问你需要送票吗？我们可以免费送票。

李强：那太谢谢了。请送到上海商城721室。

小姐：不好意思,上海商城在哪里？

李强：南京西路1376号721室,我姓李。请明天中午十二点半以前送到。

小姐：肯定没问题。你还需要什么？

李强：没有了,谢谢！

小姐：谢谢你打电话订票,再见！

李强：再见！

第六课

1. 听录音,完成句子。

1） 本来我打算周末去豫园,现在我决定在家睡觉。

2） 没想到在上海碰到老朋友,真巧啊,好久不见了！

3） 我想不起来把新买的衣服放哪儿了,你帮我找找。

4） 笑什么？这个玩笑一点儿也不好玩。

5） 小王太粗心了,常常丢东西。

2. 听对话,选择正确的答案。

1） 男：你和谁一起去北京旅游了？

女：我、我爸爸、我妹妹,还有我先生。

问：一共几个人去旅游了？

2） 男：在北京,你们吃烤鸭了吗？

女：当然。北京烤鸭多有名啊！

问：女的吃烤鸭了吗？

3） 男：你们在北京呆了几天？

女：我们是星期五下午的火车去,星期天晚上的飞机回来,只玩儿了一个周末。

问：他们在北京玩儿了几天？

4） 男：你这次去杭州,玩儿得好吗？

女：玩儿得很好,可是我把数码相机丢在出租车里了。

问：女的丢了什么东西？

5）男：听说你的相机丢在出租车里了，你找回来了吗？

女：还好，我运气不错。我拿了发票，给出租车公司打了电话，司机还给我们了。

问：相机找到了吗？

3. 听对话，回答问题。

男：小徐，听说"五一"你出去玩儿了。你去哪里了？

女：我去了青岛。你知道吗？山东的青岛。

男：我只知道青岛啤酒。

女：青岛是山东的一个城市。

男：对，对，我想起来了，我听说过，可是我还没有去过。青岛好不好玩儿？

女：很好玩儿。那里有山有海，很不错。我特别喜欢那里的大海，是蓝色的，很干净、很漂亮。青岛还有很多很老的建筑。当然，在那里你也可以喝很多啤酒。

男：是吗？那你有照片儿吗？我想看看。

女：不好意思，今天没有带来。明天你来上班吗？我给你看。

男：好的。明天我上班。要是真的很不错的话，我打算下个周末也去青岛。

女：那我一定好好儿给你介绍介绍。

男：太谢谢了！

女：别客气。

第七课

1. 听录音，完成句子。

1）王慧，今天下午的会议推迟到明天上午九点。

2）竟然没有赶上飞机，真是气死我了！

3）李强，帮帮忙，好不好？我的电脑又坏了！

4）没有要紧的事情，别太晚给我打电话。

5）下班以前，我终于打完了这份合同。

2. 听对话，选择正确的答案。

1）男：请问，木村先生在吗？

女：对不起，他出去吃午饭了，请过半个小时再打。

问：木村先生为什么不在办公室？

2）男：王秘书，都三点了，老板下个星期的日程表安排好了没有？

女：稍等一下儿，再过二十分钟就好了。

问：老板的日程表什么时候能做好？

3）男：我可是好几年没来中国了。

女：是吗？那这次你要好好儿玩玩儿，中国和以前大不一样了。

问：男的什么时候来过中国？

4）男：今天你帮了大忙了，这么难的问题，多谢多谢！

女：小意思！

问：女的觉得问题难吗？

5）男：这个周末我们正常上班。

女：我们也是，这样"五一"我们才可以休息一周。我们去桂林旅游吧。

问：这两个人可能是什么关系？

3．听对话，回答问题。

男：你好，我是来修电脑的。刚才有人打电话说电脑坏了。

女：对，对。是我打的电话。

男：你的电脑怎么了？

女：刚才我正在写邮件，突然死机了，不能重新启动。有份重要的文件我还没有保存。

男：别着急，我看看。可能是有病毒了。嗯，不是大问题，我马上就能修好。……现在好了。你看看，文件全不全？

女：还好还好，只有一点儿不见了。真是谢谢你了。

男：小意思。有问题再给我打电话。

女：我可不想再给你打电话。

第八课

1．听录音，完成句子。

1）经理本来今天休息，但是特地来公司处理了这个问题。

2）你最近有没有听到一些有意思的新闻？

3）我妹妹是个性格开朗的女孩，她总是能让我们开心。

4）这个地方我很熟悉，因为小时候在这里住过。

5）当时我还不知道出了什么事情，所以没告诉你。

2．听对话，选择正确的答案。

1）男：你今天穿得那么漂亮，我猜你肯定是要去约会吧？

女：不是，今天是我妈妈的生日。

问：女的今天为什么穿得那么漂亮？

2) 男：难道杰克不认识你的男朋友吗？

女：虽然他们以前在同一个大学学习，但不是同一个专业的。

问：杰克认识女的的男朋友吗？

3) 男：啊，你有这么多摇滚乐CD！你肯定很喜欢摇滚乐吧？

女：其实是我男朋友喜欢。

问：女的喜欢摇滚乐吗？

4) 男：放假的时候，我总是和朋友一起去运动。

女：真巧，我也是！每个周末我不是去游泳就是去打球。

问：他们两个人有共同的爱好吗？

5) 男：你能帮我打一份文件吗？

女：当然可以，同事之间应该互相帮助。

问：女的会帮男的打文件吗？

3. 听对话，回答问题。

王慧：我等了你一个小时了，你怎么才下班呢？

李强：对不起，今天太忙了，我们一直在开会。

王慧：我看到杰克很早就走了，他不用加班吗？

李强：他和我不是一个部门的，所以没有那么忙。

王慧：他今天穿得可帅了，说是去约会，要和女朋友去听音乐会，真浪漫啊！

李强：是吗？他真不够朋友，都没有告诉我他交女朋友了，下次我得问问他。

王慧：有机会让他带女朋友到我家玩玩儿吧。

李强：好的。今晚我们没时间看电影了，回家吧，改天我们再去。

王慧：好吧，不过你要请我吃饭。

李强：当然可以，现在就走吧。

第九课

1. 听录音，完成句子。

1) 她一定会对这本介绍英国文化的书非常感兴趣。

2) 这个主意听起来不错。

3) 他提了很多非常好的建议。

4）别忘了到时候通知我！

5）放假的时候，我通常都是陪父母去旅游。

2. 听对话，选择正确的答案。

1）男：听说你曾经来过上海，是什么时候？

女：这是我第一次来上海。

问：以前女的来过上海吗？

2）男：你对上海熟悉吗？

女：我已经在这里生活了八年了。

问：女的对上海熟悉吗？

3）男：昨天你去的那家饭店怎么样？

女：那里的菜看起来都不错，可是吃起来一般。

问：女的觉得那家饭店的菜好吃吗？

4）男：你去过西安吗？

女：我不仅去过西安，而且还去过昆明和大连。

问：女的没去过哪里？

5）男：辛苦了三个星期，终于把工作做完了。

女：是啊，真想好好儿休息一下，但是新的工作又来了。

问：他们可以好好儿休息一下吗？

3. 听对话，回答问题。

男：丽莎，我真想你啊！我这次去上海的旅行真是棒极了！你看，这些都是我拍的照片儿！

女：啊，真没想到上海的发展那么快，和我三年前看到的完全不一样了。

男：我们这次在上海只呆了一个星期，时间不长，下次我打算去一个月。到时候你和我一起去，好吗？

女：好啊，等我们放暑假的时候吧。到时候我们不仅可以好好儿地了解一下上海，还可以学学中文和中国文化，肯定很有意思！

男：这样安排太好了！就这么定了！

第十课

1. 听录音，完成句子。

1）尽管这台电脑的价格比我的预算高，可是很实用，我打算买。

2）这个问题很难解决，你帮我出出主意吧。

3）我上个星期刚买了这台笔记本电脑，可是这个星期价格就跌了。

4）上网聊天的时候，用摄像头就可以看到对方，真有意思！

5）他详细地介绍了这种相机的功能、售后服务和价格。

2. 听对话，选择正确的答案。

1）女：听说明天天气不好，会下雨。

男：即使明天下雨，我也要去机场接我的女朋友。

问：男的明天要去做什么？

2）男：你要买新手机，预算大约是多少？

女：大约两三千，最多四千。

问：女的买手机的预算大约是多少？

3）男：我比较了一下这两个品牌的相机，第一个的功能看起来比第二个多。

女：可是你没有看价格，我觉得还是第二个比较实用。

问：女的更喜欢哪一个相机？

4）男：张老师给我推荐的那个学校，你去过吗？

女：我以前去过，很不错的学校，你肯定会满意的。

问：女的觉得男的会满意张老师推荐的学校吗？

5）男：你仔细地看看这本书，没有你说的那句话啊。

女：不可能，上次我就是在这本书里看到的。

问：谁在这本书里看到过那句话？

3. 听对话，回答问题。

女：老李，听说你买新手机了！

男：是啊，我原来的手机丢了，上星期和小张一起去买了个新的。

女：是什么牌子的？

男：一个日本的牌子。功能实用，价格划算，我很满意。

女：都有一些什么功能啊？

男：这款手机有摄像头和MP3功能，可以储存三百条短信和五百个电话号码。

女：听起来很不错！我的手机旧了，最近也想换一个手机。你能推荐几款给我吗？

男：其实我也不是很了解行情，下次你有空的话我陪你去数码广场看看吧。

女：好的，我们约小张一起去吧，多一个人就多一些建议。

男：那你要先准备好钱。预算多一点儿，选择也多一点儿。

生词索引
Vocabulary
单語索引

A

阿姨	āyí	2
爱好	àihào	8
安排	ānpái	4
按	àn	7

B

把	bǎ	3
搬	bān	1
帮助	bāngzhù	7
棒	bàng	9
包括	bāokuò	5
保存	bǎocún	7
保修	bǎoxiū	10
保修单	bǎoxiūdān	10
报告	bàogào	4
本来	běnlái	4
比较	bǐjiào	2,10
笔记本	bǐjìběn	10
笔记本电脑	bǐjìběn diànnǎo	10
毕业	bìyè	1
鞭炮	biānpào	2
变化	biànhuà	9
表达	biǎodá	4
冰箱	bīngxiāng	3
病毒	bìngdú	7
博物馆	bówùguǎn	9
不但	búdàn	4
不得不	bùdebù	4
不仅	bùjǐn	9
不怎么	bù zěnme	1
部门	bùmén	1

C

猜	cāi	4
才	cái	1
参观	cānguān	9
曾经	céngjīng	9
查	chá	6
差不多	chàbuduō	1
差点儿	chàdiǎnr	3
长假	chángjià	5
衬衫	chènshān	3
成	chéng	9
城市	chéngshì	4
迟到	chídào	4
重新	chóngxīn	7
抽屉	chōuti	3
出	chū	10
除夕	chúxī	2
储存	chǔcún	10
处理	chǔlǐ	8
船	chuán	6
窗	chuāng	3
从不	cóng bù	1
从没	cóng méi	2
粗心	cūxīn	6

D

| 打扰 | dǎrǎo | 2 |
| 打扫 | dǎsǎo | 3 |

大约	dàyuē	10
代表	dàibiǎo	4
单人间	dānrénjiān	5
当时	dāngshí	8
导游	dǎoyóu	5
倒霉	dǎoméi	10
到	dào	4
到处	dàochù	5
得	děi	2
等等	děngděng	7
跌	diē	10
定	dìng	5
丢	diū	6
都市	dūshì	9
短信	duǎnxìn	10
对……来说	duì……lái shuō	1
对方	duìfāng	10

F

发现	fāxiàn	6
烦	fán	7
反应	fǎnyìng	7
放	fàng	2
分公司	fēngōngsī	1
丰富	fēngfù	1
风景	fēngjǐng	5
服务	fúwù	5
服务员	fúwùyuán	6
父母	fùmǔ	9
负责	fùzé	1
复杂	fùzá	9

G

干杯	gānbēi	2
赶	gǎn	4
感谢	gǎnxiè	3
感兴趣	gǎn xìngqù	9
刚才	gāngcái	3
个子	gèzi	8
各	gè	4
跟	gēn	1
工资	gōngzī	3
功能	gōngnéng	10
共同	gòngtóng	8
狗	gǒu	3
挂	guà	3
怪不得	guàibude	8
关系	guānxi	8
广场	guǎngchǎng	10
国际	guójì	9
过	guò	2

H

航班	hángbān	5
航空	hángkōng	5
行情	hángqíng	10
好奇	hàoqí	9
合作	hézuò	4
盒	hé	2
后来	hòulái	2
糊涂	hútu	6
互相	hùxiāng	8
划算	huásuàn	10
回	huí	7

J

机会	jīhui	8
鸡鸭鱼肉	jī-yā-yú-ròu	9
即使	jíshǐ	10
急	jí	2
记	jì	6
记得	jìde	4
既然	jìrán	10
继续	jìxù	7

生词索引

231

単語索引

家	jiā	5
間接	jiànjiē	4
检查	jiǎnchá	3
建议	jiànyì	9
渐渐	jiànjiàn	8
键	jiàn	7
将来	jiānglái	9
交	jiāo	6,8
结果	jiéguǒ	2
解决	jiějué	4
介绍	jièshào	8
紧	jǐn	4
紧急	jǐnjí	7
尽管	jǐnguǎn	10
进步	jìnbù	1
经历	jīnglì	1
经验	jīngyàn	7
景点	jǐngdiǎn	5
竟然	jìngrán	7
酒店	jiǔdiàn	5
剧院	jùyuàn	9

K

开朗	kāilǎng	8
开心	kāixīn	6
看起来	kàn qilai	2
可惜	kěxī	5
肯	kěn	6
肯定	kěndìng	5

L

拦住	lánzhù	6
浪费	làngfèi	5
浪漫	làngmàn	8
老是	lǎoshi	4
脸	liǎn	6
粮	liáng	3

聊天儿	liáotiānr	5
留	liú	2
留言	liúyán	3
遛	liù	3
旅行社	lǚxíngshè	5
旅游	lǚyóu	5

M

满意	mǎnyì	10
秘密	mìmì	8
免费	miǎnfèi	5
名片	míngpiàn	3
摸	mō	6

N

内向	nèixiàng	8
耐心	nàixīn	1
难道	nándào	8
闹笑话	nào xiàohua	6
努力	nǔlì	7
女朋友	nǚpéngyou	1

P

怕	pà	2
拍照	pāizhào	5
排队	páiduì	5
派	pài	1
陪	péi	9
配件	pèijiàn	10
朋友	péngyou	1
屏幕	píngmù	10
品牌	pǐnpái	10
普通	pǔtōng	1

Q

| 其实 | qíshí | 1 |
| 其中 | qízhōng | 10 |

Vocabulary

生词索引

启动	qǐdòng	7
起床	qǐchuáng	7
气派	qìpài	6
千万	qiānwàn	2
前台	qiántái	6
巧克力	qiǎokèlì	2
亲爱	qīn'ài	8
清楚	qīngchu	6
取消	qǔxiāo	7
全	quán	3
缺少	quēshǎo	7

R

让	ràng	2
热闹	rènao	2
热情	rèqíng	8
认为	rènwéi	1
认真	rènzhēn	4

S

三星级	sānxīngjí	5
商务舱	shāngwùcāng	4
上网	shàngwǎng	6
摄像机	shèxiàngjī	6
摄像头	shèxiàngtóu	10
升级	shēngjí	10
生气	shēngqì	1
剩下	shèngxià	9
实用	shíyòng	10
实在	shízài	5
食物	shíwù	1
市场部	shìchǎngbù	1
事业	shìyè	1
收	shōu	3
手工艺品	shǒugōngyìpǐn	9
手艺	shǒuyì	2
售后	shòuhòu	10

叔叔	shūshu	2
蔬菜	shūcài	9
熟悉	shúxi	8
暑假	shǔjià	5
数码	shùmǎ	6
帅	shuài	8
顺便	shùnbiàn	9
顺利	shùnlì	6
说明书	shuōmíngshū	10
死机	sǐjī	7
素菜	sùcài	9
虽然	suīrán	4
随便	suíbiàn	2

T

谈	tán	2
趟	tàng	3
特地	tèdì	8
提	tí	4
提高	tígāo	7
提前	tíqián	6
替	tì	3
跳槽	tiàocáo	1
通常	tōngcháng	9
通风	tōngfēng	3
通知	tōngzhī	7
同	tóng	1
痛苦	tòngkǔ	7
突然	tūrán	7
团	tuán	5
推迟	tuīchí	7
推荐	tuījiàn	10

W

完成	wánchéng	4
网络	wǎngluò	6
旺季	wàngjì	5

233

单語索引

温柔	wēnróu	8
文化	wénhuà	4
文件	wénjiàn	7

X

洗澡	xǐzǎo	3
细心	xìxīn	7
现代	xiàndài	9
相机	xiàngjī	10
详细	xiángxì	10
想法	xiǎngfǎ	4
想起来	xiǎng qilai	4
小费	xiǎofèi	6
小区	xiǎoqū	2
小心	xiǎoxīn	2
效率	xiàolǜ	7
笑	xiào	7
新闻	xīnwén	8
型号	xínghào	10
性格	xìnggé	8

Y

鸭子	yāzi	2
眼睛	yǎnjing	8
邀请	yāoqǐng	2
摇滚乐	yáogǔnyuè	8
要不然	yàoburán	3
页	yè	7
一直	yìzhí	1
衣柜	yīguì	3
以为	yǐwéi	1
意见	yìjiàn	4
幽默	yōumò	8
邮箱	yóuxiāng	8
游客	yóukè	5
愉快	yúkuài	8
预算	yùsuàn	10

原来	yuánlái	6
约	yuē	4
约会	yuēhuì	1
月底	yuè dǐ	3
运气	yùnqi	6

Z

杂技	zájì	9
张	zhāng	3
丈夫	zhàngfu	2
账单	zhàngdān	3
照顾	zhàogù	3
照片儿	zhàopiānr	5
正常	zhèngcháng	7
正好	zhènghǎo	2
直接	zhíjiē	4
只好	zhǐhǎo	2
只是	zhǐshì	1
中国结	Zhōngguójié	9
中心	zhōngxīn	5
终于	zhōngyú	9
种类	zhǒnglèi	9
主要	zhǔyào	1
注意	zhùyì	4
专业	zhuānyè	9
准备	zhǔnbèi	2
桌子	zhuōzi	3
仔细	zǐxì	10
资料	zīliào	4
字典	zìdiǎn	1
自由	zìyóu	5
总部	zǒngbù	4
总公司	zǒnggōngsī	1
组织	zǔzhī	5
作为	zuòwéi	7
作业	zuòyè	1
做法	zuòfǎ	9